RENATA ROA

ESTÁ
EN
TI

Dirección editorial: Marcela Luza
Edición: Gonzalo Marín
Coordinación de diseño: Marianela Acuña
Diseño: Cecilia Aranda y Cristina Carmona sobre maqueta de Nai Martínez

© 2019 Renata Roa
© 2019 Vergara y Riba Editoras, S. A. de C. V.
www.vreditoras.com

México: Dakota 274, Colonia Nápoles
C. P. 03810, Del. Benito Juárez, Ciudad de México
Tel./Fax: (5255) 5220–6620/6621 • 01800–543–4995
e-mail: editoras@vergarariba.com.mx

Argentina: San Martín 969, piso 10 (C1004AAS) Buenos Aires
Tel./Fax: (54-11) 5352-9444 y rotativas
e-mail: editorial@vreditoras.com

Primera edición: abril 2019

Todos los derechos reservados. Prohibidos, dentro de los límites establecidos por la ley, la reproducción total o parcial de esta obra, el almacenamiento o transmisión por medios electrónicos o mecánicos, las fotocopias o cualquier otra forma de cesión de la misma, sin previa autorización escrita de las editoras.

ISBN: 978-607-8614-35-6

Impreso en México en Litográfica Ingramex, S. A. de C. V.
Centeno No. 195, Col. Valle del Sur, C. P. 09819
Delegación Iztapalapa, Ciudad de México.

RENATA ROA

ESTÁ
EN
TI

TU CAMBIO, TU PLENITUD,
TU ÉXITO.

Índice

Prólogo **6**

Introducción **9**

Capítulo 1: ¿Por qué lo que no habla grita? **12**

Capítulo 2: Lenguaje corporal **30**

Capítulo 3: La cara habla **50**

Capítulo 4: Influencia a través del lenguaje corporal **68**

Capítulo 5: Construye tu propia marca personal **90**

Capítulo 6: Desarrolla tu potencial **110**

Capítulo 7: Reconcíliate contigo mismo **130**

Capítulo 8: Empodérate **148**

Capítulo 9: Las emociones y su impacto en mi imagen **170**

Capítulo 10: Actitud **190**

Capítulo 11: ¡Reinvéntate! **208**

Epílogo **226**

Agradecimientos **230**

Prólogo

Muchos creen que preocuparse por la imagen es algo frívolo, pero si les digo que es lo primero, y a veces lo único que la gente percibe de ti, ahí cambia la cosa, ¿o no? **Tu imagen es tu carta de presentación; habla de tu seguridad, de lo cómodo que estés en tu piel y de tu personalidad.** Todo eso lo puede ver y sentir la persona que te acaba de saludar. Por lo tanto, ¿estamos de acuerdo en que querer verse bien no es frivolidad?

Ni modo, nos guste o no, así está diseñado nuestro cerebro, tomamos la primera impresión y, en ese momento, decidimos si nos gusta, si nos cae bien, si conectamos o no con esa persona. Así que hay que echarle todas las ganas porque, además, como siempre digo: *We only get one first impression* [Solo tenemos una primera impresión].

Por ejemplo, uno no escoge lo que le pasa todos los días, pero sí de qué humor vas a estar, cuál será tu postura ante la vida y qué quieres proyectar, y todo eso se contagia. Por eso podemos atraer o repeler a la gente. Creo firmemente que nuestra responsabilidad en esta vida es ser felices para no hacérsela miserable a los demás. Y eso empieza contigo, desde tus adentros y se refleja en cómo te ves. Por eso el tema de la imagen es todo menos superficial.

¿Que si es fácil? Para nada. ¿Que si lo vale? Cien por ciento. Siempre digo que para tener lo que pocos tienen, hay que estar dispuestos a hacer lo que pocos hacen. Y tener una buena imagen no es suerte, no es: "Ay, ella nació bonita y así qué fácil". Cero. Verse bien es el resultado de mucha disciplina y mucho compromiso.

¿Cuántas veces no te ha preguntado una amiga si se corta el pelo y le contestas: "¿Pero te vas a peinar diario?", y ella te dice que no? A eso yo contesto: "Pues no te lo cortes, hija". Verte como te quieres ver es un gran esfuerzo y, si te lo propones, tienes que saber que hay mucho trabajo detrás. Pero de que se puede, se puede.

Quienes me conocen saben lo fanática que soy del término en inglés *accountability*, que yo digo que no tiene traducción directa al español. El término habla de hacernos responsables de nuestras decisiones y acciones y del poder infinito para lograr cosas. **Hacernos responsables de cómo nos vemos también incluye cómo nos sentimos.** Así que no hay prisa, ¡pero a darle!

Vivimos en un mundo de inmediatez, de comparaciones, de información y de competitividad que nos tienen totalmente abrumados. Así es difícil encontrar el momento de parar, decidir y cambiar de rumbo. Hay que reflexionar hacia dónde queremos ir, y vivir con la total certeza de que estamos dando pasos firmes que nos llevan de A hacia B. Somos nuestra prioridad y los únicos responsables de la vida que tenemos, así que no hay de otra. Por eso disfruté tanto este libro, porque es un acercamiento más humano hacia el mundo de la imagen y el lenguaje corporal. Y te obliga a responsabilizarte de los resultados que has logrado y los que buscas lograr, regalándote muchas herramientas para ir encontrando a la persona en la que sueñas convertirte.

Como les dije, no es magia, es trabajo, es constancia y mucha disciplina. Hay que hacernos dueños de nuestra vida, de nuestra imagen, de nuestras relaciones, ¡de todo! Jamás hay que tenerle miedo a valorarnos y mejorar, porque en esta vida no se vale desperdiciar, mucho menos lo que somos.

Felicidades por tener este libro en tus manos y por haber dado el primer paso. Estoy segura de que Renata te va a ayudar a dialogar contigo mismo a través de una perspectiva más compasiva. Y así, cuando veas a los demás, sabrás descifrar lo que realmente te quieren decir.

Martha Debayle

Introducción

Yo era de las que, de niña, deseaba leer mentes. Siempre me concentraba en ver si de pura casualidad escuchaba algo de lo que los otros decían y, en mi mundo imaginario, creaba conversaciones. Recuerdo cómo abría mis ojos grandes, que me caracterizaron de pequeña, con completa atención para no perderme ningún detalle.

Con el paso de los años, me di cuenta de que, por más que abriera los ojos, solo lograba recibir miradas penetrantes una que otra vez. La vida me demostró que no iba a poder leer mentes, pero, conforme fui creciendo, descubrí que podía leer corazones, conectar con ellos y, a partir de eso, entender el mío. ¿Quién lo iba a decir?

Aprender a hablar este idioma es increíble. Todos estamos rodeados de personas que necesitan ser escuchadas desde otro lugar. Convives con maestros o colegas de trabajo en los que tienes que influir, estás a punto de pedirle al amor de tu vida que se case contigo o, simplemente, crees que las fiestas pueden ser más divertidas si las vives con otros ojos. ¿Quién no ha tenido una crisis existencial que mueve todo su mundo interno y externo?

Al final, este libro es un gran pretexto para ver a los demás. Pero sobre todo a ti, con una mirada más fresca y compasiva. Esto te ayudará a mejorar tu imagen desde un lugar más sincero y auténtico y, en definitiva, te hará querer ser más tú.

Tienes entre tus manos un viaje para descubrir y aplicar temas que probablemente ya has escuchado, pero que, de manera pausada y, sobre todo, de una manera muy práctica, podrás implementar. **Información no es poder, es potencial; pero si aplicas ese conocimiento, irás descubriendo que las respuestas siempre habían estado en ti.**

Imagínate entender por qué lo que no habla simplemente grita, descubrir cómo se forma tu lenguaje corporal y, sobre todo, entender que tu rostro es la consecuencia de la opinión que tengas de lo que has vivido. Sabrás qué es la marca personal y cómo se construye una. Recordarás tu historia de vida y verás que siempre se puede ver con nuevos ojos todo lo ocurrido. Descubrirás lo que es el poder y el verdadero camino para volverte una persona con influencia. Comprobarás que una actitud puede ser un gran regalo para el mundo, pero sobre todo para ti, y verás lo útil que es reinventarte para irte volviendo tu mejor versión.

Te invito a que este libro lo leas con una pluma y una libreta cerca para ir haciendo los ejercicios. Y, más que nada, para ir documentando tu gran recorrido de transformación. Porque te aseguro que empiezas esta lectura siendo uno y terminarás siendo otro si lo aplicas. Además, construirás tu propio manual de uso, que no es cosa menor. Por ello, anota todo lo que sea necesario para que no se te olvide nada. Es más, te reto a que te saques una foto antes de iniciar la lectura de este libro y otra al final, para que compruebes tu gran poder de transformación y reconozcas al alquimista que todos llevamos dentro.

Entender el poder de la comunicación no verbal te lleva a influir directamente en ti y en el resto de la gente que te rodea. *Está en ti* es una invitación y un compañero para volverte tu mejor versión y así tener todas las herramientas para conquistar tus sueños.

El escritor francés Marcel Proust decía: "El verdadero viaje de descubrimiento no consiste en buscar nuevos paisajes, sino en ver los mismos con nuevos ojos". Así deseo que sea para ti este recorrido. Una exploración y explotación de tu ser y una mirada a los demás con nuevos ojos.

¿Estás listo? ¡Buen viaje!

1

"Los que mantenemos abiertos los ojos podemos leer volúmenes enteros en lo que contemplamos a nuestro alrededor".

EDWARD T. HALL

¿Por qué lo que no habla grita?

Seguro a ti también te ha pasado estar en una comida o reunión con amigos y de repente sentir miradas desorbitadas con un mensaje fuerte y claro de "¡cállate!". Es una mezcla interesante de ojos saltones, con cabeza torcida y una tensión en boca y cuello conteniendo el grito desesperado para "salvarte la vida".

Lo que es increíble es que solo con una expresión empezamos a sentir una emoción. Y, es más, a partir de este momento, me gustaría que tuvieras un espejo cerca de ti al leer este libro. De esta manera, cuando vaya describiendo algunos movimientos, sobre todo faciales, sería bueno que los reproduzcas y así los logres sentir tú también.

Pero regresando a la historia de las miradas desorbitadas, mientras intentaban callarme me di cuenta de que mi boca, la que a veces llegué a pensar que era más veloz que mi cabeza, estaba cometiendo una completa indiscreción. Y lo único que buscaban mis amigas era mantener la armonía en la reunión, más cuando sabíamos que justo hablaba de la que podría tomar represalias.

Fue mucho tiempo después de ese episodio cuando comprendí que mi boca nunca podría ser más rápida que mi cabeza. Incluso he aprendido a controlarla. El cuerpo, ¡ay, el cuerpo!, ¡ese sí se manda solo!, a veces hasta habla más rápido y fuerte que *Fernanda*, esa voz que todo el tiempo habla en mi cabeza y que nunca para. Ella es la conciencia. La decidí bautizar con un nombre largo para que cuando la regañara, sonara mucho más dramático.

Te preguntarás: ¿por qué tendría que regañar a *Fernanda*? Y antes de darte las razones, creo que es importante que sepas que únicamente nos damos cuenta del 5 % de información de todo lo que procesa nuestro cerebro. Sí, el consciente solo está alerta de esa mínima parte. De cualquier manera, ese porcentaje hace que sea posible la construcción de un promedio de 60 000 pensamientos diarios. ¡Una locura si haces el cálculo tomando en cuenta que durante el día hay 86 400 segundos! Si le quitamos las horas de sueño, es casi un pensamiento por segundo. ¡Así de veloz es la mente!

Percepción

El poder del consciente es increíble. Es el que recibe el resumen ejecutivo de todo el procesamiento que hizo el inconsciente en un lapso menor a diez segundos. Además, **a través del consciente podemos llegar a transformar el inconsciente cuando somos constantes y le sumamos todo lo que sucede con nuestras emociones.** Esta es la razón por la que a veces tengo que regañar a *Fernanda*. Pero imagínate todo lo que ocurre tras bambalinas y que constituye el 95 % del procesamiento automático para tomar decisiones. ¡Es fascinante este proceso!

Para que lo entiendas mejor, quiero que eches a andar tu memoria y traigas al presente a alguna mujer que te haya hecho la vida imposible. Sí, puede ser una exjefa que te hizo ver tu suerte, alguna compañera de la escuela que te destrozó tu secundaria, tu suegra (y no como cliché, en serio hay suegras muy mala onda) o la ex de tu pareja, que le sigue hablando y te aprieta el hígado cada vez que eso ocurre. ¡Uf! Solo con recordarla estoy segura de que estás sintiendo cómo se te hace un hueco en el estómago y hasta cómo la mandíbula se te empieza a tensar.

Muy bien. La primera parte ya la logramos: recreamos una emoción a partir de un recuerdo que sacamos de nuestro archivero de experiencias. Ahora, quiero que me cambies el nombre. No soy Renata, me llamo como esa persona que trajiste a tu memoria y, si vieras mi foto, me gustaría que me cambiaras algunos rasgos faciales, tal como los de esa persona. ¿Cambia la manera en cómo te sientes leyendo este libro? ¿Cambia la manera en cómo me *percibes*?

Así es, este proceso se llama percepción. Lo hace nuestro inconsciente y el reporte que le manda al consciente tarda en llegar entre cinco y ocho segundos, aunque en situaciones donde ve peligro es mucho más rápido: se dice que en un segundo tiene la conclusión. Por eso, como mujeres, cuando llegamos a alguna boda donde hay alguna señorita despampanante con un cuerpazo, un vestido muy pegado y le sonríe a nuestra pareja, nuestro cerebro activa la zona de peligro. Es cuando nos podemos volver unas arpías. ¡Y eso que ni siquiera lo hacemos consciente! Y ojo, no por eso estoy diciendo que se valga serlo y hacerlo, solo quiero que entendamos que estos procesos son automáticos, nos ayudan a sobrevivir y protegernos del peligro.

Procesamientos y respuestas como estos ocurren todo el tiempo, no solo en las bodas y entre mujeres. De manera constante, nuestro cerebro hace uso de sus archivos almacenados que ha guardado por el número de años que tienes de vida y que ha clasificado para hacer más fácil la búsqueda. Por eso, cada persona interpreta una situación de un modo muy particular y esta interpretación tiene que ver con las experiencias previas que traiga. De esta manera es como la percepción se convierte en la realidad de la persona. Así como lo lees: **lo que tú piensas de un lugar o**

persona, para ti será una gran verdad. Por eso se dice que percepción es realidad y, por más argumentos racionales que te dé para que cambies de opinión, te tomará 20 experiencias nuevas, con información diferente, para lograr modificar esa percepción. Si amas cierto olor porque te recuerda a tu infancia, cuando lo huelas, se activará una emoción positiva en ti y hará que concluyas algo positivo. Siempre será así, infinitamente.

Por eso, muchos científicos dicen que tomamos decisiones basadas en nuestras emociones y no en la razón. Tu *Fernanda* lo único que hará será buscar la justificación racional de la decisión que ya tomó en su proceso inconsciente y emocional, que está asociado a experiencias previas o a información que le has metido a través de la exposición a medios, lo cultural, factores externos, etc. Todo esto se almacena de una manera muy silenciosa, pero siempre está presente.

La vista, el sentido más poderoso

Ahora, ¿qué tiene que ver todo esto con nuestro cuerpo y lo que comunicamos a través de él? Imagínate que nuestro cerebro tiene diferentes zonas cerebrales diseñadas para hacer múltiples actividades. Si divides tu cerebro en tres, una de esas partes está enfocada en la parte visual:

interpretación y reconocimiento facial, detección de los movimiento, colores, distancias, ¡todo lo que tus ojos pueden ver! Esto con el único fin de sobrevivir y comunicarnos. El cerebro humano se ha tardado muchos años en evolucionar y, antes de que existiera nuestro lenguaje articulado, las señas y los sonidos guturales eran la forma en la que hablábamos. Mucho se ha investigado del tema y, **si sacáramos un promedio de los diferentes estudios de percepción que hay, podríamos decir que más del 80% de un mensaje es no verbal.** Y eso que no he promediado el estudio más famoso que existe, el de Albert Mehrabian, un sociolingüista y profesor de psicología de la Universidad de California que se ha distinguido por sus investigaciones y publicaciones en temas vinculados a los mensajes verbales y no verbales, quien propone que el 93% de nuestro mensaje es no verbal, una cifra que se puede dividir en 55% de la parte visual y el 38% restante de la parte vocal, o sea los tonos, ritmos, pausas, actitud anímica que pudieras imprimir en el mensaje, etc. Sí, únicamente el 7% es el mensaje que dices. ¡Verdaderamente el cuerpo grita!

Lo más interesante del estudio de Mehrabian no son los porcentajes que sacó para entender la influencia que tiene lo no verbal en un mensaje. Más bien, lo fascinante es que entendió que existe una luz roja que se puede encender cuando hablamos y decimos mensajes contradictorios a través de los canales verbales y no verbales. Es decir, estamos siendo incongruentes cuando decimos una cosa con nuestras palabras, pero gritamos otra con los movimientos corporales o nuestro tono de voz. Mi hermano lo explica de una manera sencilla: "Es cuando no coincide el audio con el video"; y es en estos casos cuando el cerebro elige ver el video.

Te pongo un ejemplo muy cotidiano que estoy segura de que todos hemos vivido, o bien, hemos sido testigos de él. Vamos saliendo de una fiesta con nuestra pareja y nos subimos al coche. Por lo general, si eres hombre, juegas el rol del piloto; si eres mujer, el del copiloto. De pronto, existe un silencio incómodo y tenso. El hombre, con la mirada al frente viendo el tráfico, voltea de reojo. Trata de leer y entender lo que está ocurriendo. En su cabeza, lo único que puede recordar de la fiesta es que pasó un momento agradable con amigos y buena música. La mujer, en cambio, evita hacer contacto visual con él. Trae una clara tensión en el cuerpo, brazos cruzados, boca un poco apretada y una revolución en su pensamiento porque su pareja saludó a una amiga de manera afectuosa. De pronto, la inevitable pregunta llega por parte del hombre: "¿Qué te pasa? ¿Todo bien?". Y así como la pregunta fue muy predecible, llega la respuesta de la mujer, igual de predecible que la pregunta: "¡Nada!".

¿En serio nada? Mujer, ¡te pasa todo! Pero existe este autocontrol de no querer hablar por alguna razón y que, como mujer, aún no termino de entender. El gran punto que se nos olvida aquí es que por más que digamos "nada", nuestro cuerpo nos está delatando y está diciendo que nos pasa todo.

Así es como vamos por la vida gritando mensajes, a veces sin querer, pero otras tantas con total conciencia y desfachatez. Lo que nos hace comprobar lo mágico de la comunicación y lo expresivo del silencio. En su libro *La información del silencio*, Álex Grijelmo, periodista español amante del lenguaje, dice: "El silencio, entonces, también habla; el silencio suena. Y el silencio puede manipular lo que decimos".

Y ahí viene lo peligroso, porque en el momento en que nuestro cerebro lee esa incongruencia, lo puede asociar con deshonestidad, y esto empieza a alejar a las personas. A nadie le gusta estar cerca de gente en la que no puede confiar. Por eso es tan importante entender que todo el tiempo te estás comunicando con los demás, aunque no digas una sola palabra. Los que trabajamos con la imagen solemos decir de manera recurrente: **"Incluso cuando no comunicas, estás comunicando"**.

Mente versus emoción: ¿rivalidad creada o cierta?

Cuando hablo de emociones, siento que mis amigas, a las que casi se les salían los ojos al inicio de este capítulo, me están diciendo que deje de hablar de ellas porque hay que mantener la armonía, y no es correcto para la mente hablar de las emociones frente a la aludida. Es casi como si estuviera diciendo enfrente de mi amiga que su ex ya encontró un nuevo amor.

No sé si a ti te pasó, pero yo crecí siendo una analfabeta emocional. Sí, de esas que piensan que tristeza es el antónimo de alegría, o que llorar es malo. Y sentía culpa al tomar una decisión basada en lo que sentía, ya que lo importante siempre era basar y sustentar cualquier decisión en hechos, en lo que la mente pensaba y no en lo que el corazón me advertía.

Y vaya que me di de cabeza contra la realidad, porque claramente mi mente decía una cosa, mi corazón otra y lo que hacía era otro cantar (¿te acuerdas que existen situaciones en las que el audio no coincide con el video? ¡Así yo!). Hasta que profundicé en este hermoso lenguaje, entendí que esta rivalidad que me habían vendido, y que yo había comprado, no era más que un complot que estaba ejerciendo en contra de mí misma.

Cuando empecé a conocer el tema, me di cuenta de que hasta los mismos científicos han caído en esta pelea. Y muchos estudios comprueban que el pensamiento es el que genera la emoción. Es decir, se ha descubierto que la mente, al no saber distinguir entre verdad o mentira, pasado, presente o futuro, manda señales para que el cuerpo se prepare.

Un ejemplo muy cotidiano es cuando ves una película de terror. Aunque sepas que es ficción, al momento de ver al personaje principal a punto de ser atacada, tu cuerpo responde con un latido del corazón más fuerte, sudoración y hasta tensión en hombros y cara. Tu cerebro le dice a todo tu sistema que esté listo por si tiene que salir huyendo junto con la protagonista. Hasta aquí queda muy claro que el pensamiento activa la emoción.

Pero el conflicto aparece cuando vemos las emociones desde un lugar más instintivo, ya que se ha comprobado que la emoción se gestiona antes que la conciencia. Es decir, si de pronto ves a una persona atravesar la calle y tú vienes en tu coche a 100 km/h, tu mente no pensará si será o no conveniente frenar para que luego puedas someterlo a votación. Tu cuerpo reaccionará y hará lo que en ese instante sintió que era más adecuado. Entonces, ¿la emoción se construye antes que el pensamiento o es al revés?

Concluir qué fue primero, si el huevo o la gallina, sería entrar en un debate infinito. De hecho, hasta donde tengo entendido, los estudiosos aún no se ponen de acuerdo. Pero ¿será importante saber qué fue primero? **¿Qué pasaría si mejor honrásemos la existencia de los dos, la emoción y el pensamiento, y los pusiéramos a nuestro servicio?** De hecho, entre más sepamos de ellos y su funcionamiento, más podremos gestionarlos para que jueguen a nuestro favor y no en nuestra contra.

Por eso es muy importante que sepas que la mente y las emociones no son rivales. Deberían volverse mejores amigos, porque juntos son los que potencializan cualquier resultado. Si trabajan por el mismo objetivo, que en este caso sería volverte tu mejor versión, los dos deberían entrar en una sintonía que solo te dé fuerza en tu actuar. Por lo tanto, ¡qué mejor momento para pensar en que firmen una tregua y construyan paz y armonía entre los dos! ¿Te animas?

Reenfocando el ojo

La comunicación es un proceso complejo pero más que interesante, porque tu estado de ánimo hace que interpretes el mensaje de los demás de diferentes maneras. ¿O no has visto cómo un mensaje por WhatsApp no suena igual cuando estás de malas que cuando estás de buenas? El filtro por el que pasan los mensajes cambia dependiendo del estado emocional en el que te encuentres.

Por ello, si has decidido iniciar tu viaje leyendo este libro, lo más importante es empezar a desarrollar el músculo de la observación para ver a los demás, pero sobre todo para verte a ti. Es importante que sepas que, si hoy amaneciste triste, muy probablemente tus pensamientos conectarán con esa emoción por el resto del día. Y todo lo verás gris, aunque esté soleado.

Reenfocar implica saber que podemos cambiar la lente con la que vemos el mundo. Sí, no todos los días tenemos que llevar los mismos lentes, y ser dueños de esta posibilidad nos hace muy poderosos. Nos hace dueños de nuestra vida. Nos hace creadores de nuestra realidad y, por supuesto, nos vuelve los únicos responsables de nuestros resultados.

No hay nada más atractivo que ver a una persona empoderada y con la total confianza de que puede lograr lo que desea. Eso es lo que provoca conocernos y saber cómo funciona nuestra mente y nuestro cuerpo. Tú eliges cuán lejos quieres llegar. Mientras tanto, te recuerdo que lo que no habla grita, y que los sueños siempre van a ser esos gritos desesperados de tu alma que desean ser conquistados. Así que, ¿qué esperas para conquistarlos y así conquistarte?

Es momento de llevarlo a la práctica

El músculo de la observación para interpretar el lenguaje no verbal se desarrolla como cualquier músculo, es decir, a través de la ejercitación. Por ello, te reto a que veas tu película favorita sin audio ni subtítulos. Únicamente dedícate a ver todo lo que ocurre. ¿Cómo se mueven los personajes? ¿Qué expresiones están haciendo? Al ser una película que ya has visto, seguro recordarás el contexto. Hoy solo te quiero pedir que observes.

No olvides que...

- Tenemos 60 000 pensamientos diarios en promedio.

- De toda nuestra actividad cerebral, únicamente somos conscientes del 5%. El otro 95% son procesos inconscientes.

- La percepción es un proceso inconsciente e involuntario que tarda menos de 10 segundos en realizarse. Es el responsable de sacar conclusiones, mejor conocidas como juicios de valor, y que nos facilitan nuestra toma de decisiones.

- Una primera mala impresión toma 20 nuevas experiencias positivas para modificarla.

- Tomamos decisiones basadas en emociones.

- Más del 80% de nuestra comunicación es no verbal, es decir, lo que no habla realmente está gritando.

- Una tercera parte de nuestro cerebro está diseñada para leer estímulos visuales.

- Albert Mehrabian descubrió que, en cada mensaje, el 55% correspondía a los estímulos visuales, el 38% a los vocales y únicamente el 7% a lo que se decía en sí. La importancia del estudio está en entender la congruencia que debe existir entre los tres canales para enviar un mensaje de confianza.

- La mente no distingue entre realidad y fantasía. Al no hacerlo, conecta con las emociones correspondientes a ese pensamiento.

- La mente y las emociones no son enemigas. De hecho, deberían colaborar para potencializar nuestros resultados.

- Podemos elegir con qué lentes ver la vida. ¿Con cuáles lo quieres hacer?

2

"Escuchar detenidamente te hace especial, pues casi nadie lo hace".

ERNEST HEMINGWAY

Lenguaje corporal

Lenguaje corporal

Cuando fuimos bebés y niños, éramos expertos en leer el lenguaje corporal de los demás. Sabíamos exactamente qué cara poner para que todos alrededor sonrieran, o con qué expresión y movimiento de manos íbamos a conseguir ese juguete o permiso que queríamos. Era una etapa de mucha honestidad y pocos filtros, como cuando llegaba a tu cumpleaños tu tía, la más cariñosa, y te plantaba un beso con todo y baba: no esperábamos ni un segundo para limpiarnos el cachete y demostrar lo incómodo que había sido.

A veces, incluso solíamos limpiarnos con un sonido gutural muy particular: "¡Iuuuuh!", el cual solo le agregaba un poco más de dramatismo a la escena, porque sin él la fiesta entera se hubiera dado cuenta de lo incómodo que ese beso nos estaba haciendo sentir. **Y aquí quiero subrayar la palabra sentir, porque justamente eso es el lenguaje corporal: la forma en que demostramos, de un modo completamente inconsciente e** involuntario, lo que estamos sintiendo. ¡Es un atajo al corazón!

Pero regresando al cerebro de los bebés y los niños, imagínate que, tan solo nueve minutos después de que nacemos, los rostros nos empiezan a llamar la atención. A los pocos días, ya logramos diferenciar las expresiones de tristeza, alegría y sorpresa. A los cinco meses, somos capaces de vincular expresiones faciales con el tono de voz de las personas. Al año, podemos medir el peligro de las cosas a través de la expresión facial que pone nuestra madre. ¿Qué te parece? ¡Fascinante, ¿verdad?!

Lo malo de todo esto es que, a medida que pasa el tiempo y conocemos mejor a las personas con las que convivimos, vamos acostumbrándonos a ciertas expresiones, rostros y lenguajes corporales, y así perdemos esa capacidad de leer al resto. Por eso en nuestro turbulento recorrido por la adolescencia, seguro nos rechazaron más permisos y concesiones en la escuela y en la casa. Y no fue por la edad, sino por la poca atención que poníamos en leer más el cuerpo de nuestros padres y maestros para que nos dijeran que sí.

El error estuvo en no considerar que nuestras emociones impactan en las decisiones que tomamos, ya que el lenguaje corporal es el que grita lo que sentimos.

¿Cómo se lee el lenguaje corporal?

Pero no todo está perdido: podemos reaprender a leer el lenguaje corporal. Hay que recordar que **las palabras brindan la información fría, pero el cuerpo nos da la radiografía certera de lo que está sintiendo la persona con respecto a lo que dice.** Bueno, más bien nos da la radiografía de lo que la persona piensa de lo que está diciendo, que a su vez conecta con una emoción, como vimos en el capítulo anterior. Sé que sonó algo complejo, hasta trabalenguas parece, así que espero que con el siguiente ejemplo quede más claro.

Imagínate que estás iniciando una dieta muy rigurosa. Vas a comer con el resto de tus amigos y empiezan a ordenar platillos muy suculentos. Llega tu turno y pides una ensalada y una limonada de agua natural sin azúcar, o sea agua con limón, pero hay que engañar al cerebro. Cuando tus amigos te preguntan por qué ordenaste eso, tú contestas de manera cortante, con el ceño fruncido y las comisuras de tus labios hacia abajo: "Porque estoy a dieta". Y, ¡claro!, en el fondo estás enojado y decepcionado porque no puedes comer lo mismo que ellos. En otras palabras, estar a dieta, para ti, en ese momento, es igual a enojo y decepción. Sé que en este ejemplo no podemos medir la sincronía del mensaje entre lo que se dice y hace, porque probablemente a nadie le guste estar a dieta. Pero, justo la sincronía es uno de los cuatro elementos con los que podemos leer el lenguaje corporal, además del conjunto, marco y referencia. Para mí, por cierto, la falta de sincronía entre lo que se dice y hace debería ser la definición de mentira.

Cuando estamos hablando con alguien, la sincronía que genera nuestro cuerpo con nuestras palabras le da toda la fuerza al mensaje. Cuando no existe sincronía, es importante detenernos a evaluar la razón por la que se dice algo con el cuerpo y otra cosa con las palabras. ¿Cuál es el sentimiento real de lo que se está diciendo? ¿Por qué tendríamos que decir algo que no sentimos/pensamos? ¿Ya viste por qué lo defino como mentira? El segundo elemento es el conjunto. Si vemos cada movimiento corporal como una palabra, claramente necesitaremos más de una para entender toda la idea. Es decir, puedo escuchar la palabra libro, pero por sí sola no me va a decir mucho. Aunque libro tenga un significado, color y hasta temática en mi mente, no tengo más información para saber qué me quiere decir con precisión la otra persona. Por ello, es importante buscar más palabras a través de otros movimientos corporales para darle una interpretación más adecuada y correcta.

Bien, sigamos avanzando hacia el tercer elemento, que es el marco y que se considera la gramática del lenguaje corporal. Habíamos dicho que cada movimiento corporal es una palabra, pero si leí las palabras libro y detesto, tampoco voy a entender a la perfección qué está diciendo la persona. Por eso, el marco nos ayuda a poner en el orden correcto las palabras para que hagan sentido. No es lo mismo decir "detesto los libros" que "los libros de texto", ¿o sí? ¡Ese es el marco!

Cruzarse de brazos, bajo esta premisa, podrá tener varias lecturas dependiendo del resto de los movimientos corporales y el contexto. Pero te cuento algo: cuando doy capacitación a empresas, es muy común que, de manera automática, la gente asocie cruzar los brazos con cerrar la comunicación. Y sí, es una de las lecturas que podemos darle. Si una mujer cruza los brazos en el momento exacto que le estás preguntando por su exmarido, claramente te está diciendo que no quiere hablar del tema.

Pero ahora imagina a esa misma mujer que, en la mañana, cuando se estaba lavando los dientes, le cayó pasta dental en su suéter negro a la altura del ombligo. Lo limpia rápidamente y, por esta premura, le quedó una mancha visible. Así que, más tarde, cuando llega a hablar contigo y comentan el episodio de la serie que están viendo, de pronto bajas la mirada porque algo te distrajo. Y, de repente, la mujer cruza los brazos intempestivamente.

¿Cuál crees que haya sido la razón para esta reacción? ¿Crees que de la nada ella haya querido cortar la conversación? ¿O más bien habrá recordado que llevaba una mancha en su suéter y quiso taparla rápidamente? ¡Correcto! Te estás volviendo todo un experto en lenguaje corporal.

¿Verdad que la gramática y las palabras hacen la diferencia? Sin embargo, resulta inevitable concluir que esa mujer se sintió incómoda y, tarde o temprano, esto podía cerrar la comunicación.

Ahora, cambiemos un poco el escenario para poder comprender al 100 % nuestro tercer elemento, que es el marco. Te encuentras a esa misma mujer, pero en esta ocasión, debajo del aire acondicionado. Lleva cinco minutos hablando contigo y notas que cruza los brazos. ¿Será un indicador de incomodidad? ¿O más bien quiere mantener su calor corporal porque tiene frío?

En este caso, te aseguro que es la segunda: quiere mantener su calor corporal. Por eso **es importante utilizar la gramática adecuada y no sacar conclusiones sin tener toda la información que nos ayudará a entender el mensaje.** Tampoco tomar nada personal, porque nunca sabes qué está pasando por la cabeza de la otra persona. Busca la congruencia entre lo que se está diciendo a través del cuerpo y las palabras.

Hasta aquí hemos hablado de tres elementos para leer el lenguaje corporal de los otros: la sincronía, el conjunto y el marco. El último elemento es la referencia y está muy vinculada al ejercicio que te dejé en el primer capítulo: todo lo que podemos obtener de una persona al observarla. Como seres humanos, recuerda que siempre buscamos no hacer mucho esfuerzo a nivel neuronal, ya que es un poco flojo nuestro cerebro. Por eso, tendemos a expresarnos de la misma manera a nivel corporal. Es decir, si estás enojado, todo lo que expreses será a través del enojo, aunque lo quieras ocultar. Únicamente será más sutil, pero siempre saldrá a la luz lo que estamos sintiendo. ¡Ni modo! Esta sutileza en la expresión se conoce como microexpresión.

La microexpresión, como su nombre lo indica, es una expresión que ocurre en un microsegundo. Las descubrió Paul Ekman, psicólogo e investigador de la Universidad de California que se especializó en el lenguaje facial de las emociones y que, entre otras cosas, ha sido asesor de la serie Lie to me [Miénteme] y de la película de Pixar *Intensamente*. Más adelante te hablaré de ellas, pero ahora quiero que las veas como estos movimientos que, por más que los intentes contener cuando estás en una junta con tu jefe, se notan por la mueca que hiciste o por el ceño que fruniste en un segundo.

Observar a la gente con la que tenemos más contacto nos ayudará a interpretar de una manera muy rápida lo que está pasando con ella. Es recaudar la información para luego escribir el manual personalizado de cada una. Es la razón por la que nuestra mamá siempre sabe cómo nos sentimos, aunque solo estemos hablando por teléfono con ella y no pueda vernos.

¡Hasta parecen brujas! Yo por lo menos sí le digo eso a mi mamá. Pareciera que sabe exactamente qué estoy sintiendo e, indirectamente, qué haré: porque la gente no hace lo que dice, hace lo que siente. Ese es el regalo de leer el lenguaje corporal. ¡Puedes volverte un brujo o una bruja! Solo es cuestión de observar, practicar, observar, practicar y volver a observar. Fácil, pero no por eso sencillo.

No solo eres tú, ¡también soy yo!

¡Felicidades! Ya dimos el primer paso para aprender a leer el lenguaje corporal de los otros. Como te diste cuenta, requiere de mucha práctica y observación. Conforme vayamos avanzando, verás que irás reconociendo y recordando cómo se hace y lo harás cada vez mejor. No solo se trata de saber qué significa cada movimiento, sino de ponerlo en el conjunto y en el marco adecuados, y de analizar la sincronía para que podamos darle la lectura correcta. ¡Pero ahora te toca a ti! Tu cuerpo también habla y es importante empezar a notar lo que está diciendo de manera inconsciente, en ocasiones, incluso gritando. Porque, ¿alguna vez has observado la manera en cómo te sientas, caminas o hablas en público? Y eso que estas solo son algunas situaciones que pueden decir mucho de ti, pero la lista es infinita.

Si te estás preguntando cómo sería una buena manera de empezar a observar tu lenguaje corporal, la respuesta es haciendo conciencia de él. Es decir, no dejándole ese trabajo a tu *Fernanda*, la conciencia, sino comenzando a estar más presente en tu actuar diario: cuando llegues a la oficina al iniciar el día, escucha cómo caminas y mírate en el espejo del elevador para saber cuál es tu postura; asimismo, cuando termine tu día, vuelve a escuchar tus pisadas y mirar tu postura.

Cualquier momento y situación son perfectos para enfocar la atención en ti e irte conociendo. Estoy segura de que aprenderás a escucharte de una manera más atenta y empezarás a desarrollar tu propio manual para poder entenderte. Sería maravilloso que te volvieras tu propio brujo o bruja, ese que tiene tanta seguridad, que es capaz de decidir qué rumbo tomar con la certeza de que todo saldrá bien.

Ahora bien, me gustaría aclarar, sin que dejes de lado todo lo anterior, que **en el lenguaje corporal el número mágico es el dos.** Y no solo porque las dos partes que están comunicándose tienen un impacto en el otro, sino porque nuestra neurona espejo, esa que se encarga de generar empatía con el otro e imitar o espejar los movimientos de los demás, tarda en actuar dos minutos. Aunque, claro que también existen ejemplos para comprobar que hasta en menos tiempo lo hacemos, solo basta con ver lo que pasa cuando alguien bosteza: quienes estén a su alrededor lo reproducirán tan solo en segundos.

Pues bien, necesitamos pasar dos minutos con otra persona para contagiarnos o contaminarnos de los gestos que está poniendo en su rostro y en su cuerpo. Por ejemplo, si fue un día extraordinario y tu pareja llegó de buenas, ¡qué maravilla, porque te contagiará su buen humor! El problema empieza cuando tuvo un mal día, llegó de malas y, en dos minutos, es capaz de contaminarte hasta que terminas con una tensión tremenda y a punto del colapso.

Diría Caty Gómez, una de mis grandes maestras y experta en aplicación mental, que el éxito de la comunicación está en los resultados. Si no somos capaces de generar un buen ambiente para que el otro hable y se sienta cómodo, es muy probable que ni siquiera tú estés hablándote adecuadamente.

El tema aquí es dejarnos de excusas y no echarle la culpa al de enfrente porque tiene los brazos cruzados. El reto está en crear el entorno adecuado para que el otro se sienta con la total confianza de abrirse.

¿Qué fue primero: el huevo o la gallina?

Cuando empecé a profundizar en este fascinante mundo del lenguaje corporal, encontré algo que cambió por completo mi manera de entenderlo.

Por muchos años, los autores y los estudios que leía únicamente mencionaban el lenguaje corporal como un medio de comunicación entre las personas. Es decir, ese poder del dos como número mágico del que te hablé.

Pero, poco tiempo atrás, empezó a sonar la posibilidad de **entender el lenguaje corporal como consecuencia del pensamiento, y también como causa.** Es decir, cuando pongo una expresión facial o una postura corporal, puedo modificar lo que estoy pensando y, en consecuencia, lo que estoy sintiendo.

Para mostrarte lo que estoy tratando de decirte, vale la pena referirnos a la sonrisa, para lo que voy a necesitar tu ayuda. Empieza a sonreír en este momento. Sostén esa sonrisa por dos minutos. Si quieres que este ejercicio sea mucho más efectivo, obsérvate en el espejo y sin hacer trampa. Quiero que te hagas consciente de todo lo que empieza a ocurrir en tu cuerpo, en tu rostro, en tu postura, pero, sobre todo, en la manera en que ves las cosas. ¿Generó algún tipo de cambio en tu estado emocional?

Estoy segura de que la respuesta fue un sí. Lo que ocurre es que el cerebro, al no distinguir si la sonrisa es verdadera o falsa, envía la señal de generar la química que el cuerpo generaría si estuviera feliz. Una de estas sustancias son las endorfinas. Para que entiendas un poco más de este neurotransmisor, lo producimos cuando nos enamoramos, hacemos ejercicio o comemos chocolate. ¡Qué delicia! Es la razón por la que gozamos tanto cuando estamos alegres. La sonrisa es solo un ejemplo, pero ocurre lo mismo cuando modificamos nuestra postura, subimos nuestro mentón, abrimos más los ojos, apretamos los puños, evitamos cruzar los brazos y las piernas, o bien cuando dirigimos las puntas de los pies hacia alguna persona en particular. **Todo se vuelve un proceso increíblemente transformador si lo hacemos con conciencia.** Es la razón por la que podemos contagiarnos en dos minutos: nuestro cuerpo, al imitar el lenguaje corporal de los otros, segrega las mismas sustancias químicas y luego empezamos a sentirlo.

Si no me crees, te pongo un ejemplo sencillo que de seguro te ha pasado. Cuando tu mejor amiga cortó con su ex y te pidió que fueran a tomarse un café para que te contara, te puedo apostar que terminaste con su mismo enojo y llorando con ella. Y no porque seas un gran amigo o amiga, sino porque al ir imitando todo lo que ella te iba contando, tú sentías lo mismo.

Conectando con tu superpoder

¿Te estás dando cuenta del superpoder que nos dieron y que no nos avisaron que lo teníamos? Yo, por lo menos, lo descubrí después de muchos años y, cada vez que lo recuerdo, me siento como una heroína. ¡Soy dueña de mi vida y de mis circunstancias! Sí, tengo la posibilidad de poder generar el tipo de pensamiento y emoción que deseo con el simple hecho de tomar conciencia y poner la postura adecuada en mi cuerpo.

Pero ¿qué pasa si estás tan triste que no puedes ni sonreír? Los chinos tienen un proverbio que dice: "Fíngelo, fíngelo, hasta que lo sientas". El lenguaje corporal es así. A pesar de tu estado emocional, puedes desafiarlo para comenzar a generar transformaciones a través de la constancia e intención.

No es casualidad que prácticas como hacer yoga o meditar tengan tantos beneficios a nivel físico, mental y emocional. Parten de una postura física y de una respiración consciente que invitan a la presencia total y, claramente, a una transformación de actitud y de resultados. ¡Qué maravilla poder conectar con esta posibilidad!

La presencia total te ayuda a tener una conexión real con los demás y contigo mismo. Te invita a dejar de preguntarte: ¿qué estás pensando? Y cambia esta pregunta por otra igual de poderosa: ¿qué estás sintiendo? Ese cambio de perspectiva te lleva a fijar la atención en tu opinión de los hechos y, por lo mismo, a poder transformarla de raíz, generando una verdadera transformación.

¿Alguna vez imaginaste que en tu propio cuerpo podrías tener el qué y el cómo al mismo tiempo? Sí, el qué siento, qué tengo, qué debería de cambiar y, a su vez, el cómo puedo hacerlo. Vaya que nos dieron todo, ¡pero les faltó enviarnos el manual! ¿Estás listo para irlo escribiendo?

Empieza a observar tu lenguaje corporal haciendo conciencia de él.

Es momento de llevarlo a la práctica

Después de este capítulo, estoy segura de que le prestarás atención al lenguaje corporal de otra manera, es decir, observarás atento todo lo que el cuerpo de los demás, y el tuyo, están diciendo. Ahora me gustaría que intentes guardar tu celular cuando llegues a una sala de espera, en el transporte público o simplemente mientras esperes a una persona en el café. Comprueba la magia del número dos y presta atención. Te reto a que no me creas nada de lo que te he dicho y lo vivas por ti mismo.

No olvides que...

- Desde que nacemos, tenemos la habilidad, además de la curiosidad, de leer el rostro y cuerpo de los demás.

- Dependiendo de los estímulos que recibimos, podemos perder o ganar la capacidad de interpretar el lenguaje corporal de los otros.

- El lenguaje corporal es una reacción inconsciente e involuntaria que refleja lo que estamos sintiendo.

- Para leer el lenguaje corporal de una persona, debemos tener claros cuatro elementos de lectura: sincronía, conjunto, marco y referencia.

- La mentira es la falta de sincronía que existe entre lo que se dice con las palabras y lo que se dice con los movimientos corporales y faciales.

- La gente no hace lo que dice, hace lo que siente.

- En dos minutos tenemos el poder de contagiar nuestra emoción a los demás a través del lenguaje corporal.

- El lenguaje corporal es el resultado de nuestro pensamiento. Pero también el pensamiento puede ser el resultado de nuestro lenguaje corporal si lo sabemos gestionar conscientemente. ¿Qué estamos esperando para transformar nuestra forma de pensar a través de nuestro cuerpo?

3

"Vuestro rostro, mi señor, es un libro donde los hombres pueden leer extrañas cosas".

WILLIAM SHAKESPEARE

La cara habla

Dicen que uno no es responsable de la cara que tiene, pero sí de las muecas que pone. A lo que yo, más bien, diría que, para bien o para mal, somos responsables de ambas: del rostro y del infinito catálogo de expresiones, muecas amables, agresivas y hasta gritonas que dibujamos con nuestros 44 músculos faciales.

El rostro posee un lenguaje apasionante y sumamente revelador. Y aunque ya te he presentado algo del fascinante mundo de las microexpresiones, esos movimientos sutiles y casi imperceptibles que generamos, entender lo que el rostro dice va mucho más allá de solo conocer y decodificar el significado de una cara en movimiento. Es comprender la historia de la persona y sus cicatrices de guerra. Es encontrar la brújula emocional que todos tenemos para guiarnos con ella y así volvernos nuestra mejor versión. **El rostro es un testigo insobornable, además de nuestro propio manual de uso,** ese que estamos descifrando y construyendo a través de este libro.

Y no es para menos, ya que cada movimiento facial es el resultado de una emoción y, a su vez, de un pensamiento. Los eventos se registran en nuestro rostro a través de lo que pensamos y sentimos de ellos. Así como lo lees: hasta el coraje que te da cuando tu vecino tiene fiesta un martes por la noche se marca, y no solo a través de las ojeras, que delatarán la poca calidad de sueño que tuviste, sino también en un entrecejo ligeramente más arrugado que de costumbre. ¡La cara habla!

Lo que más me apasiona del rostro es que cada facción, cada arruga y marca es una pincelada de una grandiosa obra de arte que te intenta contar una historia completa. ¿Te acuerdas que el conjunto en la interpretación corporal es muy importante? Lo mismo pasa con el rostro: hay un montón de información que ordenar y descifrar en él.

Al observar a conciencia lo que dice tu rostro, estás construyendo un acercamiento a tu ser y te brindas un entendimiento más profundo de tu misión en la vida. Él es una fuente inagotable de información porque todos los días, incluso con el paso de unas horas, hay algo nuevo que observar. ¿No me crees? Sácate una foto al inicio del día y otra al final. ¿Verdad que hay diferencias?

¿Cómo se forma el rostro?

Hay un proverbio chino que dice: "De los 0 a los 25 tienes la cara que heredas. De los 25 a los 50 tienes la cara que todos los días vas trabajando. De los 50 en adelante, tienes la cara que te mereces". Cada vez que lo digo, en cualquiera de mis conferencias, es inevitable escuchar efectos especiales al pronunciar la última línea. Nunca nos dijeron que hay distintas maneras de envejecer. Hay rostros amables y suaves, pero también hay duros y agresivos. Y antes de estudiar este increíble lenguaje, yo le echaba la culpa a la genética.

Piénsalo un momento: es muy común encontrar el mismo ceño fruncido en una familia completa y hasta se justifican todos diciendo que son "las cejas de los González". **Efectivamente, el ADN tiene un impacto importante, pero hasta los 25 años. A esa edad es cuando se termina de formar la parte del cerebro que construye nuestra personalidad.**

Hay una historia mística respecto a la herencia y me encanta contarla. Alguna vez, mi maestra y autoridad internacional en el tema de lectura de rostro, Lillian Bridges, me platicó que tu cara es el resultado de muchas generaciones que se reunieron alrededor de un fuego a debatir cuáles podrían ser los mejores talentos que te ayudarían a enfrentar esta vida. La conclusión de ese encuentro es el rostro con el que naciste. ¡Así de perfecto es!

Por otro lado, existen factores fisiológicos y funcionales. Por darte un ejemplo: tenemos una nariz para inhalar oxígeno. Es decir que, dependiendo del lugar en el que nacimos o de donde vienen nuestros ancestros, tendremos una nariz más larga o más corta. La nariz tiene la función de calentar el aire en caso de que lo necesites para prevenir un enfriamiento en tus pulmones. Por ello, en climas fríos son más comunes las narices frías.

Ahora, esas condiciones climatológicas no solo tienen un impacto en nuestro rostro, también en nuestro actuar. Si por el frío la comida se termina cuando empieza el otoño, será necesario planear, o bien, ir a conseguir a lugares lejanos algo que comer. Por eso podemos asociar rasgos faciales con personalidad. ¡Así de conectados estamos con absolutamente todo!

Fascinante, ¿cierto? Pero espera, aún existe otro factor que nos obliga a ser responsables del rostro que tenemos: nuestras decisiones. Y no hablo de las elecciones que podemos tomar para hacernos una cirugía, desmaquillarnos o ponernos un producto. Hablo de las decisiones que tomamos todos los días, como darle fuerza a cierto pensamiento y cierta emoción y, en consecuencia, materializarlos en una expresión facial que va modificando nuestro rostro.

En resumen, **tu rostro no es con el que naces, sino el que haces todos los días.** Los pensamientos/emociones resultan ser el gimnasio al que vamos de manera diaria y disciplinada. En él, la cara diariamente ejercita los

44 músculos faciales que se van moldeando, dependiendo del tipo de expresiones que pongas en ella. Por eso es tan importante pensar y sentir bien.

¿Qué se lee en un rostro?

¡Sigamos adelante! Estamos entendiendo que un rostro dice muchas cosas y todo el tiempo. Incluso cuando, en teoría, no dice nada, a través de una expresión, una arruga o una facción nos está contando algo. Y para que quede aún más claro todo este mundo de la comunicación facial, te invito a que viajemos unos instantes por tu cara para que vayamos entendiendo de qué hablo. Si eres supervaliente, lo puedes hacer acompañado de un espejo. ¿Listo? Observa tu rostro. Trata de no hacer ninguna mueca o movimiento. En un estado relajado, ¿qué ves en tu cara? ¿Qué te está diciendo? ¿Encuentras algún signo de tristeza, enojo, alegría o ausencia? Esta primera capa es tu estado de cuenta. Es decir, existen momentos en tu vida que, por las circunstancias, hicieron que tuvieras números negros porque fueron momentos felices, pero existen otros que fueron vaciando la cuenta. No hay un saldo mejor que el otro, solo un recordatorio de que hay que agregarle cosas lindas a la vida para que ese saldo vuelva a ser a favor.
Ya que vimos cómo está nuestro saldo, ahora es momento de que observes con detenimiento cada facción de tu

rostro. ¿Existe alguna que te llame la atención, o bien, que te guste más que otra? Cada facción te regala una manera de hacer las cosas e, incluso, puede ser tu mayor virtud. Profundizar en ellas me tomaría un capítulo completo, así que, por ahora, simplemente te quiero sembrar una semilla de la paz con tu rostro: porque **a veces, donde exteriormente no se ve la belleza establecida por cánones estéticos, puede verse el reflejo de algo verdaderamente hermoso a nivel interno.**

Ahora, es importante que sepas que en donde ponemos la atención la sensación crece. Por ejemplo, si solo te fijas en tu nariz, tu cerebro tiende a amplificarla y, si no te gusta mucho, el efecto será muy negativo. Por ello, te quiero pedir que busques qué parte de tu rostro es la que más te gusta. Te apuesto a que alguien te ha alabado tus ojos, tus labios o tus mejillas. Todos tenemos algo hermoso y en eso quiero que te fijes. Ahí es donde hay que dirigir nuestros esfuerzos conscientes.

Siguiendo con nuestro recorrido, seguro que ya habrás notado alguna línea de expresión, mejor conocida como arruga. Normalmente las asociamos con la edad y, por supuesto que sí, con los años nuestra piel pierde colágeno y va marcándolas más; pero, en realidad, son un mapa emocional que nos está diciendo qué emoción hemos utilizado más y, por ello, el reto es sanarla cuando ha estado asociada con la ira o la tristeza, para regresar a nuestro saldo a favor.

Conocer el origen de una línea de expresión es sencillo: solo tienes que hacer la mueca que marca la arruga y relacionarla con la emoción que la generó. ¿Verdad que cuando aprietas los labios estás conteniéndote para no decir algo? Otro ejercicio interesante es ponerte una cinta adhesiva en la línea de expresión y, cuando sientas una tensión en ella, encontrar el pensamiento que tienes, observarlo, respirar profundamente y dejarlo ir. Cuando lo alcanzas a percibir, es que has encontrado un patrón de pensamiento. ¡Ese es el que hay que modificar!

Si te das cuenta, así como el cuerpo, el rostro también va colaborando con información valiosa para la construcción de nuestro propio manual. Mucho ya está escrito en él y recibe actualizaciones diarias, solo que no nos dieron la manera de descifrarlo. Por ello, la invitación es a observar con amor y atención para encaminar nuestros esfuerzos y así volvernos nuestra mejor versión.

¿Y ese gesto qué?

Ya hablamos de lo mucho que un rostro nos dice a través de las huellas que dejan las expresiones, pero no hemos hablado de ellas como tal. Les comentaba que siempre me consideré una analfabeta emocional, porque no entendía cuáles eran las diferencias entre las diversas emociones. Me era difícil concebir a nivel corporal cómo se sentía y se veía el miedo o el enojo y, para leer las expresiones, eso resulta fundamental.

Primero, es importante que sepas que hay una diferencia entre emoción y sentimiento. La emoción es la parte biológica y, aunque existe el debate de si hay cinco, seis o siete, solo te quiero mencionar las que considero más importantes para el entendimiento de este libro: miedo, ira, asco, alegría, tristeza y sorpresa. Cada una es universal, es decir, todos los seres humanos nacemos con ellas. Lo divertido es que, al mezclarlas, construimos sentimientos más complejos.

A mí me gusta imaginar que tenemos a un *bartender* en nuestro cerebro y, cuando vemos a nuestra pareja junto a alguien que le está coqueteando, nuestro experto en coctelería empieza a combinar dos cucharas de ira + una de tristeza + tres de miedo. Así prepara una bonita bebida llamada celos. ¡Esos son sentimientos! Pero ya son más sofisticados, pues consideran un proceso de conciencia. Incluso *Fernanda* también mete su cuchara y, no podía faltar, la memoria. Todo esto es un conjunto más complejo que la experimentación de una emoción biológica y que, como imaginas, nos fue dado para sobrevivir.

El mundo de los sentimientos es el que más hay que cuidar en el momento en que estamos hablando del rostro. No es lo mismo enojarte porque alguien tiró un papel en la calle, que enojarte cada vez que recuerdas a tu maestra de primaria que se encargó de ponerte en ridículo frente a tus compañeros. El primero es temporal y, aunque afectará tu toma de decisión del momento, no es algo que marque tu rostro de manera permanente.

Los sentimientos también salen a través de los gestos y, además, poseen un proceso de memoria, conciencia e inconciencia, dejando huella en el cerebro, en el rostro, en el cuerpo, pero, sobre todo, en el alma. ¡Por eso es importante identificarlos! **No queremos atajos cerebrales que nos lleven a nuestra peor versión; queremos carreteras funcionales que nos lleven a lograr nuestros objetivos de la mejor manera.**

¿Cómo se identifican? Entendiendo la emoción que sale a través del gesto facial y asociándola con un pensamiento. Es decir, si frunzo el ceño cada vez que hablo de mi vecina, es muy probable que exista alguna emoción vinculada al enojo con ella. Pero para que esto quede más claro, en la siguiente tabla te resumo todo lo que he ido entendido de las emociones biológicas y que, luego, construyen los sentimientos, gracias a otros autores a los que he recurrido, además de mis propios aprendizajes en el tema.

Emoción	¿Para qué la siento?	¿Cuándo la siento?	¿Cómo se materializa en la cara?	Datos curiosos
Ira	Protegerme, marcar límites.	Cuando siento algún tipo de injusticia.	Ceño fruncido, ojos entrecerrados, labios apretados, mandíbula tensa, alta temperatura.	El buen juicio regresa después de 20 minutos de haber estado enojados.
Miedo	Sobrevivir.	Cuando existe alguna amenaza física o emocional, ya sea real o imaginaria.	Se suben las cejas, se abren los ojos, se entreabre la boca para dejar pasar aire y así oxigenar el cuerpo.	Hay tres posibles reacciones inconscientes: • Paralizarme. • Huir. • Atacar.
Tristeza	Reajustar.	Cuando siento que he perdido algo.	Los ojos se van hacia abajo, pierden el brillo. Comisuras de la boca hacia abajo. En casos extremos se pierde la firmeza en mejillas. Cara hacia abajo.	Biológicamente, no podemos llorar más de ocho minutos seguidos.
Alegría	Sentir placer y recompensa.	Cuando hay un sentimiento de logro, disfrute y diversión.	Sonrisa fácil y simétrica. Brillo en los ojos. Tensión en mejillas. Mentón salido. Cara levantada.	La alegría es considerada un enemigo de la felicidad. Biológicamente hablando, es imposible estar siempre alegres.
Asco	Sobrevivir a través del rechazo.	Cuando algo desagradable a mis sentidos me genera una amenaza.	Boca torcida, la parte superior de la nariz se arruga, ojos entrecerrados, cara volteada.	El asco no solo puede ser a olores o sabores, también a ideologías y hasta a preferencias sexuales.

Enamórate de tu rostro, ¡o cámbialo!

A lo largo de mi camino profesional he encontrado a muchas personas que no les gusta verse en un espejo. La razón más recurrente que me han dado es que no les agrada lo que ven. Y sí, hoy vivimos en una sociedad que otorga mucha presión y grandes exigencias en términos de belleza y eterna juventud. De ahí el incremento en el número de cirugías estéticas y los múltiples procedimientos antienvejecimiento.

Ojo: yo nunca hablaría mal de las posibilidades que hoy existen en el mercado para vernos y sentirnos mejor. Sin embargo, es importante saber el motivo real por el que elegiríamos cualquier opción para así hacerlo con conciencia. En mi práctica, he descubierto que cuando alguien entiende el significado de su rostro y le da una interpretación más amorosa, se termina enamorando de cada una de sus facciones y arrugas y, para mí, ese proceso es verdaderamente sanador.

¡Bien! Ya sabemos que podemos usar recursos externos para modificar el rostro, pero ¿te has preguntado si existen recursos internos para hacerlo? La respuesta es un claro, contundente y fuerte: ¡sí! Te confieso que es la razón por la que más amo mi trabajo, ya que me ha tocado ser testigo de transformaciones faciales increíbles.

Me encantaría darte una fórmula mágica y rápida, pero he descubierto que cuando la gente cambia por dentro, la cara, en consecuencia, se modifica. Es decir, cuando la persona verdaderamente perdona, agradece y se vuelve compasiva, su rostro empieza a transformarse. Y aquí, de nuevo, conectamos con este poder de brujo o alquimista que todos tenemos.

Es cuando comprobamos ese hermoso proverbio chino que dice: "Cuando cambias tu corazón, cambia tu cara. Cuando cambias tu cara, cambia tu destino". ¡Es muy rentable sanar nuestro corazón! ¿Cuánto dinero te podrías ahorrar? Además, con todo esto tenemos, en consecuencia, el poder de cambiar nuestro futuro.

Yo, por ejemplo, antes de irme a la cama practico el agradecimiento. He comprobado que, no solo es una de las estrategias para ser feliz según Harvard, ya que nos ayuda a poner nuestra atención en lo que sí tenemos. También suaviza el rostro y hasta logra darle luminosidad. ¡Bendita belleza con intención! ¿Te animas a practicar la gratitud como hábito y rutina de belleza? Verás que, si sale del corazón, empezarás a ver cambios en poco tiempo.

Es momento de llevarlo a la práctica

¡Vaya que la cara habla! Pero, sobre todo, ¡la cara cambia! Por eso, te quiero invitar a que hagas una línea cronológica con tus fotografías y que, a través de ellas, vayas viendo la evolución que ha tenido tu rostro. El objetivo es que compruebes lo que te mencioné en este capítulo y que vayas sensibilizándote con las sutilezas de cada facción y la manera en cómo tu historia de vida se plasmó en ella. ¿Qué diferencias observas entre foto y foto? ¿Existió un evento que te marcó y logras observarlo en las imágenes? ¿Crees que fue la manera perfecta para aprender algo?

No olvides que...

- El rostro humano tiene 44 músculos faciales que se mueven como consecuencia de nuestras expresiones faciales.

- En nuestra cara se materializan nuestras emociones, historias y cicatrices emocionales.

- La cara es el resultado de nuestro ADN, el ambiente que nos rodea y nuestras decisiones.

- Nacemos con una cara, pero todos los días vamos construyendo la propia.

- Los gestos son la materialización de una emoción.

- Existen cinco emociones básicas y universales: ira, tristeza, miedo, asco y alegría.

- Las emociones y los sentimientos son dos cosas distintas. Las emociones son biológicas; los sentimientos pasan por un proceso de conciencia y memoria más sofisticado.

- Cada emoción tiene su para qué y se materializa de una manera muy peculiar en la cara.

4

> "El que domina a otros es fuerte; el que se domina a sí mismo es poderoso".
>
> — Lao-Tsé

Influencia a través del lenguaje corporal

Un día, abriendo mi Facebook, me apareció como recuerdo una foto de hace once años con unas amigas con las que, en su momento, fuimos inseparables. Entonces me di cuenta de que, aunque las sigo queriendo mucho, nuestra relación había cambiado. Los diálogos internos, el lugar de residencia y los objetivos cambiaron, tanto en mí como en ellas, circunstancias que terminaron afectando nuestra amistad. Con este recuerdo entendí un poder importante del lenguaje corporal y las relaciones: son la materialización de nuestro mundo interior. Si lo ves detenidamente, estamos en constante evolución, y la comunicación contigo mismo y el mundo también evoluciona al ritmo de tu pensamiento y tus sentimientos. ¡Vaya que tenemos una gran responsabilidad! Y justamente aquí es donde podemos aplicar la tan trillada y ganadora frase rompecorazones: "No eres tú, soy yo".

Míralo fríamente: las historias que nos contamos van afectando directa

o indirectamente nuestra vida y, por ende, las decisiones que tomamos con respecto a ella. Es decir, si en verdad creíste que tu amiga de la escuela había hablado mal de ti, te alejaste de ella por eso y te empezaste a juntar con otro grupito de amigos, eso te afectó no solo en la parte emocional, social y afectiva, sino también a tu cerebro.

¡Así es! Hay investigaciones que dicen que tu cerebro se va modificando hasta parecerse a las personas con las que más te juntas. Y, a través de la neurona espejo, es tal el efecto que va causando la imitación de emociones en nuestro rostro que, al buscar su sincronía con la emoción, afecta la manera en la que pensamos.

Por eso no se me hace nada de descabellada la idea que planteó Jim Rohn, famoso conferencista y autor estadounidense, quien afirmaba que nos convertimos en el promedio de las cinco personas con las que más nos juntamos. Y seguro tú, ahora, al igual que yo cuando me enteré por primera vez, estás haciendo un recuento de esas cinco personas para ver si realmente puede tener cierta veracidad esta teoría. Lo que es yo, nunca me canso de comprobarla y, en realidad, de ir observando, de la manera más objetiva que puedo, tanto las amistades que llegan a mi vida como aquellas que se van. ¡Nada es casualidad!

Existen diversas teorías superinteresantes acerca de cómo nuestras redes sociales, y no me refiero a Facebook o Twitter, sino a las que vamos tejiendo en la vida real, van construyéndonos cada día. Por ejemplo, en una investigación hecha por Nicholas Christakis, médico e investigador en ciencias naturales y sociales en Yale, comprobó que quienes se juntan con personas con sobrepeso tienen el 57% de posibilidades de ser obesos, ya sea porque se incitan a comer a la par, porque cambian su percepción con respecto al tipo de cuerpo o bien porque para conocerse tuvieron que tener estilos de vida similares.

Te cuento todo esto porque **es importantísimo darnos cuenta del poder que tenemos en el resto de la gente.** Probablemente ya comprobaste la teoría de las cinco personas aplicadas en ti, y seguro tú eres una de esas cinco personas para otras tantas. Por consecuencia, aquí vienen las grandes preguntas: ¿Qué clase de influencia inconsciente tienes sobre los demás? ¿De qué y cómo los estás contagiando?

El lenguaje corporal es la materialización de nuestro mundo interior.

Los cuatro pilares de la influencia

Hoy en día, hablar de influencia podría vincularse con lo que pasa en el mundo virtual o con personajes famosos. Pero piénsalo detenidamente: muchas personas de manera constante están generando una influencia en nosotros. Puede ser desde nuestra hermana, tía, amiga, maestro, etc. Pero más que hablar de las definiciones de la influencia, me gustaría invitarte a que por un momento pienses en lo que une a estas personas que te han movido y han influido en tu vida. ¿Qué tienen todas ellas en común?

No sé si coincidan con las mías, pero todas las personas que han tenido un impacto en mi vida comparten cuatro aspectos. El primero es que siempre tienen seguridad en sí mismos. **Soy fiel creyente de que la seguridad nace del autoconocimiento y de saber exactamente quién eres y qué quieres.** Al saberlo, tienes la certeza de que puedes lograr lo que te propongas y eso te hace creer en ti mismo.

El segundo aspecto en común que he encontrado en ellos es que son personas congruentes; es decir, dicen, hacen, piensan y sienten en la misma dirección. En definitiva: ¡son honestos! En inglés hay una frase que se me hace bastante difícil de traducir: *walk the talk*, y que me gusta interpretarla como "vivir a través del ejemplo". Yendo más lejos, para mí, la congruencia es la manera en cómo te ganas la autoridad para hablar de lo que quieras.

El tercer elemento que identifico en común es que piensan por ellos mismos. Es decir, no se van con las ideas más comunes solo porque las dicen muchos. Tienen una mente crítica y construyen así sus propios conceptos, los que abrazan y externalizan con mucha pasión, contagiando a los demás y haciendo que todo cobre una dimensión más poderosa.

El último y cuarto elemento es que son personas que tienen habilidades humanas impresionantes. Desde la forma en cómo tratan a los demás, cómo les hablan, saludan y se mueven, hasta el gran poder que han conseguido para gestionar sus propias emociones y así construir sobre cimientos sólidos todo su trabajo diario.

Para mí, estos cuatro puntos son los pilares de la influencia. Y ojo, la influencia como un resultado de este actuar, de este trabajo diario para conocerte más, hablarte mejor, hacer las paces con tu pasado, leer, informarte y así formar tus propios puntos de vista, actuar en armonía con tu esencia y, en consecuencia, tratar amorosamente a los demás. Al final, tu gran regalo será tocar vidas, aunque esto dista mucho de hacerlo como un objetivo, porque así el resultado será lo opuesto.

¿Cómo afecta la confianza y el respeto en mi influencia?

¡Muy bien! Vamos comprendiendo poco a poco la gran responsabilidad que tenemos al influir en otras personas, queramos o no. Ahora, aunque ya revisamos los cuatro pilares de la influencia, les faltan dos elementos clave y que corresponden a esa base que los sostiene. Sin ellos, ni siquiera les daríamos la oportunidad de hablar a esas personas.

Me refiero a la confianza y el respeto. Aunque son palabras que usamos de manera muy regular, créeme que cuando trabajo con empresas, pocos líderes tienen las dos presentes al mismo tiempo. Es más, me atrevería a decir que es peligroso perderlas de vista, ya que, lo que un líder produce sin confianza ni respeto, probablemente pueda dar resultados a corto plazo; sin embargo, a la larga, se vuelve insostenible por el tipo de tensión que genera en un equipo. Pero vamos por partes. Entendamos primero el tema de la confianza. Según la Real Academia Española, es la esperanza firme que se tiene de algo o de alguien. Ahora, déjame hacerte una pregunta al respecto: ¿hasta qué edad continuaste yendo con tu pediatra? Conozco muchos casos que a sus veintitantos aún lo hacían. ¿La razón? ¡Le tenían confianza! Es un elemento 100% emocional, porque a veces no existe argumento racional que valide esa elección, pero normalmente da paz.

La confianza se construye siendo honestos, cumpliendo con lo que se promete, preocupándonos por la otra persona de manera genuina, escuchando activamente y, sobre todo, enseñando un poco el corazón, es decir, mostrando su vulnerabilidad. Esa parte conecta de una manera muy poderosa con el resto de la gente. La humaniza.

Ahora, respeto viene del latín *respectus*, que significa atención o veneración. Pero yo me lo imagino, más bien, como un tipo de energía muy sutil y amorosa que envuelve a la persona y la eleva, no en un plano de superioridad, sino a través de la posibilidad de ver cosas que otros no ven. Es como si cada uno pusiera, por voluntad propia, un poco de tierra para irle dando altura a ese alguien que, poco a poco, se la fue ganando por la honorabilidad de sus actos. **He observado que la gente a la que se respeta tiende a respetar, a su vez, a los demás, lo que termina por volverse un ciclo sin fin.**

Estos dos ingredientes tienen que trabajar a la par. Si uno de ellos no está presente, no puede ocurrir el poder de la influencia. Si solo está presente la confianza, por ejemplo, podremos ser comadres, amigos, compañeros, pero hasta ahí. Si solo hay respeto, veré a la persona tan arriba que será una autoridad, pero no por eso me moveré a hacer algo por convicción. A veces lo haré porque lo tengo que hacer y eso es lo que no garantiza resultados a largo plazo. Ahora, cuidado, es común confundir respeto con miedo, cuando estas palabras son conceptos muy diferentes.

¡Vaya que es un tema! Y por eso la invitación es a ir construyendo nuestros pilares de influencia, pero con unos cimientos tan fuertes que no haya manera de que se desmoronen. Es un trabajo diario y de mucha honestidad con uno mismo. Por eso, más que nunca, es importante que tengamos nuestro manual personalizado: este que juntos estamos construyendo.

¿Cómo contagio cosas positivas?

Sí, tenemos la gran responsabilidad de contagiar cosas positivas. Aunque con esto no te estoy tratando de decir que, a partir de hoy, debes ir por la vida sonriendo de manera fingida todo el tiempo, sino, más bien, te estoy tratando de decir que abraces ese poder que tiene nuestro lenguaje corporal sobre nosotros mismos y los demás. ¡Somos alquimistas! ¿Recuerdas?

Durante todo este capítulo te he hablado de la honestidad porque es un gran elemento de influencia y se vincula con la congruencia. Ella alimenta la confianza y, por lo mismo, se refleja en nuestro cuerpo. Por eso, es fundamental que vivas a través de la verdad. **No existe un elemento más importante a la hora de interactuar con otros que la naturalidad.** Además, ¡qué bien se siente moverse libremente en tu propia piel!

¿Y cómo se hace eso? ¡Estando presentes! Es decir, estar en el aquí y ahora, eso genera fenómenos increíbles en el cuerpo, en nuestra influencia y comunicación. Al estar presentes en el aquí y ahora, el resto de nuestro lenguaje corporal se acomoda para darle la bienvenida a la persona que sea. Es asombroso cómo se agudiza el oído, cómo se relaja el cuerpo, cómo las manos están más abiertas y el contacto visual es constante y empático. Inténtalo y verás. Ahora bien, sé, por experiencia propia, que estar presentes es complicado, por eso te hice toda una lista de ciertos aspectos para que consideres a nivel corporal. Tómalos como trucos, con el compromiso de convertirlos, en el futuro, en aspectos genuinos de tu propia persona.

1. **Contacto visual.** Es la forma de tocar a las personas sin tocarlas. A través de él, comunicamos empatía, honestidad y seguridad. El reto es mantener la mayor cantidad de tiempo posible la mirada en la persona con la que estamos hablando. Evita distracciones y, de esa forma, harás que la otra persona también las evite. Solo ten cuidado de no ver de una manera agresiva y fija.

2. **Sonríe.** La sonrisa es una forma de abrir canales de comunicación, porque casi todas las personas, al momento de sonreírles, te regresarán esa sonrisa. Es muy poderosa porque suaviza los juicios que otros

tienen de nosotros y, al mismo tiempo, transforma la manera en que vemos las cosas. Tu sonrisa debe ser lo más honesta posible, porque sí existen grandes diferencias cuando las sonrisas son reales y cuando no.

3. **Hombros relajados.** Cuando tenemos mucha tensión y sentimos miedo, el cuello y los hombros se contraen, comunicando un mensaje de poca seguridad. Además, no te quiero contar del dolor de espalda que luego vas a cargar. Trata de hacer círculos con los hombros y el cuello antes de una cita importante. Notarás la diferencia al instante.

4. **Postura derecha.** Estar con una buena postura mejora significativamente la capacidad pulmonar para reducir el estrés. Además, te hace lucir más alto y la ropa se ve mejor. También te ayuda a producir una hormona que te da confianza, llamada testosterona. Si es necesario, pon una alarma que te recuerde revisar tu postura. Al inicio, será difícil y hasta podrás sentir cosquilleo. Es normal, tu espalda no está acostumbrada a sostener esa posición correcta. Lleva tiempo reeducar a nuestro cuerpo.

5. **Usa los brazos.** Entre más abiertos son los movimientos, más espacio usamos, y eso es interpretado de manera inconsciente como mayor poder. Cuida de

no ser exagerado y que estos movimientos te salgan de forma natural. Si tu personalidad no te permite hacerlo, no lo hagas.

6. **Manos a la vista y con las palmas hacia arriba.** Las manos comunican apertura, sensibilidad y confianza cuando muestran las palmas. Son un elemento importante a considerar, y más cuando se está dando una presentación en público o haciendo una negociación. Evita guardarlas en los bolsillos.

7. **Puntas de los pies.** Los pies son la parte más inconsciente del cuerpo. Por ello, es donde se reflejan muchos de nuestros deseos reales. Cuida que las puntas siempre apunten hacia la o las persona a las que les estás hablando. Así mostrarás interés y apertura. Además, de esta manera le estarás dando la bienvenida a las personas que eventualmente lleguen a integrarse a la conversación.

8. **Respiración.** Respira conscientemente, es la manera más rápida de estar presentes. La respiración también regula las emociones, de hecho, cuando estamos muy enojados y necesitamos contenernos, lo hacemos de una manera más profunda y lenta. El reto para tener un lenguaje de influencia es hacerlo con total conciencia. Por ello, te invito a que antes de

iniciar cualquier conversación, respires cinco veces profundamente y observes qué pasa. Si tienes el tiempo y el espacio suficientes, puedes hacerlo inflando un globo. La respiración diafragmática que usarás para hacerlo es la más relajante de todas.

Recuerda que, al poner estos movimientos en tu cuerpo de manera consciente, a quien más estarás beneficiando es a ti y, a través de este ajuste, en consecuencia, influirás en el resto de las personas. Qué bonito sería ir por la vida como propone Mafalda, el famoso personaje del dibujante Quino: "Comienza tu día con una sonrisa y verás lo divertido que es ir por ahí desentonando con todo el mundo".

¡Cuidado!
No seas una persona tóxica

No me dejarás mentir, pero la convivencia con gente tóxica es molesta e irritante. Sí, esa gente que se la pasa quejándose, hablando mal de los demás, haciéndose la víctima y que, en realidad, solo ve lo malo en todo. Entiendo que existen momentos en la vida en que es necesaria la catarsis para ayudarnos con el dolor emocional, pero *hacerlo* de manera temporal es algo muy diferente a *serlo* de manera permanente.

El cuerpo, al reflejar absolutamente todo lo que estamos sintiendo, se vuelve el chismoso del cuento. Por eso, algunos aspectos que constantemente tienes que estar observando en ti, para modificarlos en caso de que estén ocurriendo, son los siguientes.

1. **Postura encorvada.** Este tipo de postura no te permite conectar con sentimientos positivos. Existen ocasiones en las que nos cuesta mucho trabajo mantenerla más erguida, pero recuerda que sostenerla por dos minutos puede hacer la diferencia.

2. **Mentón hacia abajo.** Comunica sumisión, en la gran mayoría de los casos y, dependiendo de los otros elementos corporales que lo acompañen, como cuando la mirada deja ver un poco la esclerótica (la parte blanca del ojo), al estilo Lady Di, puede significar victimismo, o bien, derrota, en caso de que la mirada sea hacia abajo. Este movimiento corporal también alimenta sentimientos negativos y limita los positivos.

3. **Cara dura y tensa.** Cuando en tu rostro se han marcado algunas facciones con dureza y tensión es porque hubo presencia de emociones como ira, miedo o asco. Ríe de manera sincera, agradece, perdona y sé más compasivo para suavizarlas.

4. Poca energía al caminar y pasos pequeños. Se ha observado que cuando estamos tristes, además de que nuestra manera de caminar es mucho más débil, tendemos a dar pasos más cortos. Cuida, sobre todo, si también lo haces con los hombros caídos y la cara hacia abajo.

5. Cuerpo cerrado y con barreras. Cruzar brazos, no ver a los ojos, cruzar las piernas y poner elementos como el celular frente a nosotros también pueden ser factores que reduzcan nuestra comunicación con otros y, en consecuencia, las bondades de poder establecer una relación armoniosa.

6. Puños apretados. Tiempo atrás, Gaby Pérez Islas, gran tanatóloga y autora mexicana, me compartió una extraordinaria analogía de las manos. En ella, se refirió a los puños apretados de los bebés al nacer como símbolos de apego y control, a diferencia de las manos de la gente al morir, que siempre están abiertas, simbolizando desapego. Desde ese día, he observado este movimiento corporal y, efectivamente, el enojo se materializa, en algunos casos, con los puños apretados y, del mismo modo, en consecuencia, cerramos nuestra mente. Cuando existe mucha tensión, duermes con los puños apretados. Así que te invito a que realices el gran ejercicio de abrir las manos a conciencia.

Recuerda que la información es poder únicamente de una manera potencial. Si aplicas esa información, la compruebas y la haces tuya, entonces estarás viviendo y gozando del poder que estas herramientas te pueden dar para transformarte y, en consecuencia, transformar a los demás. Ahora, solo falta preguntarte: ¿qué tipo de influencia quieres ejercer en los demás?

Es momento de llevarlo a la práctica

Poco a poco vamos conociendo más acerca de nuestro poder de influencia. Pero para poder explotarlo al máximo, tenemos que aprender a estar en el aquí, en el ahora y en nuestro cuerpo. Por eso, en esta ocasión tendrás que practicar una vez al día por una semana la siguiente actividad. Busca un lugar tranquilo donde nada ni nadie pueda perturbarte. Al encontrarlo, siéntate en una postura cómoda, cierra los ojos y nota lo que percibes durante cinco minutos. Fíjate en las sensaciones de tu cuerpo, enfócate en la manera en que vienen y se van. Observa las positivas, las negativas y, sin juicio alguno, solo contémplalas. Al terminar los cinco minutos, anota tu experiencia. Verás lo revelador, relajante y poderoso que es atendernos y hacer conciencia de nosotros mismos.

No olvides que...

- En dos semanas somos capaces de modificar nuestro cerebro a través de la imitación del lenguaje corporal de los otros.

- Jim Rohn, conferencista y autor estadounidense, afirma que somos el promedio de las cinco personas con las que más convivimos.

- Los cuatro pilares de influencia son: seguridad en uno mismo, congruencia, pensar por uno mismo y habilidades humanas.

- La pasión es una fuerza que se contagia y hace que todo cobre una dimensión más poderosa.

- La influencia no es un objetivo, es un resultado.

- El respeto y la confianza son claves en la influencia.

- Algunos elementos del lenguaje corporal de influencia positiva son: el contacto visual, la sonrisa, la postura erguida, las manos a la vista con las palmas hacia arriba, las puntas de los pies dirigidas hacia la persona con la que estás hablando y la respiración.

- Los elementos que hay que cuidar de no poner en nuestro cuerpo son: postura encorvada, mentón hacia abajo, cara dura y tensa, poca energía al caminar, cuerpo cerrado y con barreras, puños apretados.

5

"La gente no recuerda lo que le dices, sino lo que le haces sentir".

MAYA ANGELOU

Construye tu propia marca personal

Aún me sigue generando gracia el día en que, en uno de mis talleres, antes de dar la definición de marca personal, pregunté: "¿A qué les suena este concepto?". De repente, una voz grave, con tono burlón y salida de un rincón del aula, enfáticamente gritó: "A la que le aplica Messi a Ronaldo". ¡Claro! El fútbol nos ha hecho escuchar este término en múltiples ocasiones, pero la marca personal a la que me refiero es otra y tiene que ver con la mejor inversión que puedes hacer en ti y por ti.

No ha existido un solo día dentro de mi carrera profesional en el que no compruebe la importancia de gestionar una marca personal desde la más honesta parte de nuestra esencia. Ya que es la manera en que te puedes distinguir y, de esa forma, entender que la competencia en realidad no existe. Y aunque hay muchas definiciones de ella, yo me quedo con la que mejor he sentido y con la que he comprobado, principalmente, porque es la que entiende y dialoga con la parte más sensible de mi ser: **la marca personal es la huella que dejamos en el corazón de las personas.**

Para dejar esa huella, necesariamente debemos generar una emoción en el otro. ¿Por qué? Porque recuerda que sin emoción no hay conexión.En el ámbito público, es decir, entre los políticos y los artistas, la marca personal es uno de los grandes objetivos a lograr. En esos casos, se trabaja con una parte de la verdad, pero también se matizan otros elementos, ya que el chiste es construir algo que sea vendible y atractivo para diferentes públicos. Entre más famosa se vuelva la marca, mayor poder de influencia se logra.

Pero en la vida real y cotidiana, en cambio, el desafío consiste en generar un proceso de empoderamiento para llegar a tener influencia en los demás. Ojo, no es querer tener poder porque sí. De hecho, ese será el resultado de un proceso introspectivo que, en primer lugar, hará que te vuelvas tu más grande admirador y, en segundo, hará que te construyas una reputación que a larga se puede llegar a convertir en reconocimiento público. En sí, la marca personal es una gran herramienta que nos ayuda a alcanzar con conciencia nuestros objetivos.

¿Cómo se construye?

Construir una marca personal es, como su nombre lo dice, un proceso muy personal e introspectivo. He tenido la suerte de acompañar a muchas personas en este proceso y, como testigo, he observado lo retador que puede ser al inicio pero, a la larga, resulta liberador. La transformación empieza quitándote las máscaras, los "deber ser", los miedos y las creencias para finalmente revelar la parte más honesta y real de tu persona.

El dibujo del plan para construir tu marca personal es como si usaras una de esas aplicaciones de GPS que te ayudan a llegar a tu destino. En todas esas aplicaciones, lo primero que nos solicitan es decir en dónde estamos y, luego, a dónde queremos llegar. El camino que nos señala puede variar dependiendo de qué ruta queremos tomar: o una corta o una larga o la que incluya parar en una gasolinera en el camino.

Así funciona la gestión de nuestra marca. Primero viene la pregunta: ¿en dónde estoy? Es decir: ¿quién soy? ¿Qué ofrezco? Luego, de manera honesta, es importante contestarnos: ¿a dónde quiero llegar? Y entonces: ¿qué tengo que hacer para lograrlo? Esto último corresponde al plan de acción.

¡Por eso me encanta lo que hago! Como ves, son tres pasos muy retadores que invitan verdaderamente a la reflexión y que no solo tienen que ver con fines laborales. De hecho, es justo a este tema al que quería llegar. Ha sido uno de los más polémicos cuando doy sesiones en empresas, porque **soy de las que creen que tu plan de desarrollo en la empresa debe apoyar tus planes personales, y no al revés.**

Pero vayamos por partes. ¿Qué comprende contestar a la pregunta sobre quién soy? A mí, por lo menos, cuando me la hacían en algunas materias en el colegio o la universidad, me paralizaba. Hoy, sin embargo, he descubierto que soy muchas más cosas de las que pueda llegar a contestar ante la pregunta y que, además, evoluciono con el tiempo. Pero esto es únicamente una referencia para hacernos más fácil y directo el acceso a entender qué podemos regalarle al mundo.

Me gusta recomendarle a la gente que consiga una libreta en la que pueda ir anotando todas las ideas que se le vienen a la cabeza sobre quién es. Como mencioné anteriormente, no somos estáticos y cada día podemos descubrir algo nuevo de nosotros. Inicia esa libreta haciendo una pequeña reseña de quién eres, de manera libre y abierta. Después, ve indagando en preguntas como cuáles son tus talentos o qué crees que haces superbién, a diferencia del resto de las personas. ¿Sabes o intuyes a qué viniste a este mundo? ¿Qué valores te diferencian? ¿Qué parte de ti no cambiarías? ¿Cuáles son tus pasatiempos?

Esta exploración requiere de mucha honestidad, pero también compasión. A veces somos nuestros peores jueces y nos cuesta hablar bien de nosotros. Pero, como pudiste comprobar, aquí solo he hecho preguntas en positivo. **El reto de la marca personal es abrazar y gritar todo eso en lo que sí somos superbuenos.** Recuerda que tendemos a magnificar todo aquello en donde ponemos nuestro enfoque y lo que buscamos encontrar son las cosas más lindas que tenemos.

La segunda pregunta, ¿a dónde quiero llegar?, vaya que tampoco es fácil de responder. La sinceridad y confrontación son fundamentales en esta parte. Una vez que tengas la respuesta, te invitaría a que te preguntaras por lo menos cuatro cosas adicionales para que indagues en las razones por las que quieres hacer eso que anhelas. Te pongo un ejemplo: "Quiero ser la mejor cardióloga de mi país". Muy bien, ¿y para qué quiero ser la mejor cardióloga de mi país? ¿Qué me mueve a hacerlo? ¿Cuál es el costo que pagaría por hacerlo? ¿Estoy dispuesta a pagarlo?

Si después de ese filtro de preguntas la respuesta sigue siendo la misma, te invitaría a que la pases por el último y más poderoso. Cierra los ojos, respira profundo y haz un escaneo imaginario de todo tu cuerpo. Al saber que estás en completa relajación, menciona tu objetivo y revisa qué sientes. Recuerda que en nuestro cuerpo está nuestro manual. Además, es importante validar nuestras respuestas racionales con las emocionales.

La tercera parte de todo esto es el plan de acción. Aquí es en donde tienes que buscar la ruta que más te convenga para ir del punto A al punto B. Si tu reto es irte a trabajar al extranjero, entran acciones como: aprender el idioma que se habla donde quiero ir, investigar si existen compatriotas viviendo allá, relacionarme con gente que pueda tener alguna vacante de trabajo en ese lugar, escribir un artículo que demuestre mi conocimiento y, después, compartirlo en alguna red social donde pueda generar algún tipo de interés. ¡La creatividad aquí es tu mejor aliada! En este punto no olvides incluir la buena comunicación de tu diferenciador, eso que te hace distinto al resto, y la de tus talentos, todo eso que crees que haces superbién. Sí, así como lo lees, es hablar bien de ti y no porque quieras ser presumido. Es para que la gente que pudiera necesitar tus servicios, talentos o productos te tenga en mente. Por ejemplo: si eres un pintor, comparte tu arte. Acuérdate de que hay un dicho que dice "el que no muestra no vende". Todos vendemos algo, solo es cosa de mostrar qué.

Somos seres en constante cambio y, en consecuencia, nuestra marca personal también lo tiene que ser. Revísala cada seis meses para verificar que aún esté vigente. No se te olvide incluir tus objetivos personales. **Recuerda que el desafío es regalarle nuestra mejor versión al mundo y eso empieza trabajando en uno mismo.** Nadie puede dar lo que no es.

Ser - Hacer - Tener

Ya hemos dado los primeros pasos para construir nuestra marca personal. Ahora, hagamos una pequeña pausa para entender con más claridad de dónde tiene que partir su creación.

Existe algo que se conoce como inconsciente colectivo. Consiste en ideas prefiguradas que viven dentro de las cabezas de los seres humanos y que influyen en las *Fernandas* de cada uno, es decir, en esas voces que hablan desde nuestro interior. Te cuento esto porque el éxito es una de esas ideas prefiguradas, pero, más que nada, porque me ha generado un desafío muy importante confrontar su definición colectiva y empezar a construir una propia.

No sé si a ti te pasó, pero a los dieciocho años yo no tenía idea de qué quería estudiar. Mi alma en esa época amaba el arte. De hecho, me fui a Florencia a estudiar historia del arte y, por muchos años, tomé clases de pintura. Sabía que me encantaba ese mundo, pero también "sabía" que de eso no iba a vivir (¡Ay, esa *Fernanda*!).

Así fue como decidí estudiar Administración de Empresas. Si quería tener dinero, debía hacer algo para generarlo. Y tal fue mi urgencia de querer acabar la carrera, que todos los semestres inscribía una sobrecarga de materias e incluso cursé algunas en verano. Mi hermano me llegó a decir: "Es una carrera, no una carrerita". Pero el objetivo era acabarla lo antes posible.

Confieso que me la pasé muy bien en esa época. Pero había algo dentro de mí que me hacía seguir buscando algo que la carrera no me lo daba. Inscribí arte como materia extra, me fui de intercambio a Londres y todos los lunes me la vivía en los museos. En mi penúltimo semestre, encontré la posibilidad de explorar mi tema artístico y de expresión a través de la imagen. Así fue como, antes de acabar la carrera, empecé a estudiarla, y lo demás creo que es historia.

Pasaron más de cinco años después de graduarme, en los que seguí viviendo en condiciones de estudiante. No fue un proceso sencillo porque, mientras mis amigos ya ganaban bien, yo tenía que ser muy creativa para maximizar el poco dinero que generaba en proyectos pequeños. Hoy, viendo en retrospectiva, puedo decir que apostarle a mi sueño y no entrar a un mundo corporativo que me hubiera dado dinero pero, muy posiblemente, hubiera opacado mi ser, ha sido la mejor decisión que he tomado.

Ganar dinero es un resultado que surge de tu pasión, de tu entrega, de tu convicción. Quienes lo ven como objetivo primordial pueden terminar construyendo un castillo en el aire y hasta pueden llegar a no encontrarle sentido a la vida. ¿O nunca te has preguntado por qué gente superexitosa atenta contra su propia vida cuando lo tiene todo? Claro, de aquí surge esa respuesta.

Tener dinero debe darse siempre haciendo desde tu más profundo ser, es decir, desde tus gustos, talentos y diferenciadores, agradeciendo tu historia de vida, honrando a tus ancestros y todo lo que te pudieron dar. Así, hagas lo hagas, todo eso siempre estará impregnado de una particularidad única que no puede ser repetida. Ese profundo ser, aunque a veces no se ve, se siente y proyecta a través de nuestras acciones.

Una marca personal que se construye desde nuestro más profundo ser requiere de tiempo y paciencia para ver los frutos. Pero una vez que llegan, tan solo se trata de elaborar estrategias de mantenimiento para que las raíces se sigan fortaleciendo y, con dedicación y amor, puedas cosechar esos frutos.

¿Cómo construyo mi propósito?

Ya entendimos la importancia de honrar nuestra esencia y construir nuestra marca personal a través de ella. Y una de las cosas que he descubierto que le impregna otro sentido a nuestro hacer es cuando existe un propósito que va más allá del beneficio individual.

Ese propósito lo he bautizado como la alarma antiflojera. La razón por la que lo llamé así es porque, **al tener muy claro tu propósito, tu gran para qué, todo cobra una relevancia mayor y ningún esfuerzo es algo pequeño.** Es, de hecho, regresarles la grandeza a todos y cada uno de nuestros actos que pudiesen impactar en la vida de otras personas.

Imagínate que la persona que está encargada de mantener la pista limpia en una carrera de Fórmula 1 pensara que solo es la que barre y limpia. ¡Qué gran error! Esa persona es la encargada de salvaguardar la seguridad de cada uno de los pilotos, porque un tornillo suelto en la pista podría ser mortal. ¿Ves que encontrar el para qué engrandece cualquier labor?

Ahora vayamos un paso más adelante. No pensemos únicamente en nuestra labor profesional o estudiantil. Pensemos en nuestro hacer cotidiano, ya que nuestro para qué debe salir del fondo de nuestra alma y evocar nuestra mayor grandeza. Piensa que nacemos con la posibilidad de hacer cosas para que el lugar en el que vivimos sea mucho mejor. Si todos hiciéramos uso de esa opción, imagínate el maravilloso lugar en el que podríamos vivir.

Cuando descubres y alcanzas a sentir tu propósito, cualquier interacción, evento, lugar, saludo, es una oportunidad de llevarlo a cabo. La satisfacción que se siente al realizar cualquier acción de la mano de tu propósito, por pequeña que sea, es indescriptible. Eso se transmite y ahí es cuando realmente dejamos una huella.

¿Para qué haces lo que haces? ¿Sientes que estás aportando algo con ello? ¿Crees que con la actividad que realizas, así como el que mantiene la pista limpia en una carrera de Fórmula 1, ayudas a cumplir un propósito mayor, como es salvaguardar la vida de otros seres humanos? Tárdate en contestar esta pregunta el tiempo que sea necesario. Tal vez requieras de varios días. Y aunque entiendo que muchos podrán contestar a la pregunta de para qué lo haces con que "es para pagar las cuentas", eso no es suficiente para conectar con esta sensación de generosidad que, a la vez, alimenta la de felicidad. ¿Por qué no aspirar a lo mejor?

ADN de una marca personal poderosa

Cada marca personal tiene su particularidad y justo eso es lo que hace que no exista competencia. Nadie puede ofrecer lo mismo que tú ofreces. ¡Así de sencillo! Pero existen algunos elementos importantes a considerar para crear una que realmente inspire a los demás.

- **Presencia.** Cuando estamos presentes, es decir, cuando realmente estamos en pensamiento y sentimiento con alguien, aparece la posibilidad de generar una conexión real con la gente. Por ello, es importante considerarlo como un elemento valiosísimo para dejar huella en otros. Cuando estamos presentes, no solo escuchamos más, también comprendemos mejor, generamos empatía y evitamos dar respuestas en automático, de esas que a veces nos meten en problemas. Además, reducimos la ansiedad y demostramos nuestro interés genuino por la persona: un gran elemento de influencia.

- **Personalización de las experiencias.** Cada ser humano es único y, por ello, deseamos ser tratados así. Nuestro nombre es un elemento que capta nuestra atención al momento de ser escuchado. Por eso, ejercita tu memoria y trata de aprenderte los nombres de las personas con las que interactúas. Busca leer las necesidades de cada individuo, te ayudará a que se sientan importantes y eso activará la zona de recompensa de sus cerebros. Nada más estimulante que exaltar el sentimiento de reconocimiento.

- **Amabilidad.** Cuando una persona es amable con otra, le está dando un mensaje muy poderoso a través de sus acciones, es decir, de la comunicación no verbal. Este actuar puede activar en otros esa misma acción y generar una relación que pueda trascender a una conversación, o a una simple mirada amable en un día complicado. ¿Qué mejor huella?

- **Contagio de actitud.** Cuando una persona es capaz de responsabilizarse de su poder de contagio a través de su lenguaje corporal, quiere decir que es consciente de ese poder y puede gestionarlo. Cuida que sea uno que tenga un contenido emocional positivo y que construya sensaciones de bienestar en los demás.

- **Confianza y respeto.** Como vimos anteriormente, estos dos ingredientes van de la mano y ayudan a generar esa influencia en los demás. Desarróllalos para tener una puerta de entrada segura y sostenible.

- **Ganas de seguir aprendiendo.** Cualquier marca personal evoluciona con su esencia, pero también con el conocimiento que se va adquiriendo todo el tiempo. Y si lo que aprendes le aporta valor a los demás, eso puede formar parte de tus distintivos. También apoya la estrategia de primeras impresiones, a las que llaman "iluminación", y que consiste en compartir un conocimiento que activa los sentimientos de satisfacción y gozo en los otros, porque, tal cual, eso provoca que aprendamos. ¿Necesitas más razones?

- **Distinción.** Busca tu valor agregado, es decir, encuentra ese algo que nadie más hace y distínguete del resto. Comunícalo con acciones.

- **Atrevimiento.** Una marca personal no se queda en su zona de confort. Cuestiona creencias, rompe prejuicios, busca nuevas maneras de hacer las cosas.

- **Ser tu fan.** Si tú no eres capaz de comprar tu marca y de admirarla, ¡nadie más lo hará! Qué importante es desarrollar el amor y la compasión en nosotros.

No hay nada más atractivo que encontrar a una persona que transpira por cada uno de sus poros su pasión y convicción. Una persona feliz en su piel y capaz de lograr sus sueños inspira en todo momento.

Es momento de llevarlo a la práctica

¡Vámonos a una investigación de campo! De forma muy honesta y valiente, pídele retroalimentación a cinco personas que tengan diferentes tipos de interacción contigo. No se vale que tu mamá, tu abuelita, tu papá, tu hermana y tu tía favorita contesten las preguntas. Se trata de que tengas una mezcla de opiniones para ir destapando el común denominador en los diferentes círculos en los que te desenvuelves.

1. Cuando me conociste, ¿qué pensaste de mí?
2. Después de tratar conmigo, ¿qué piensas de mí?
3. ¿Cuál crees que sea mi mayor talento?
4. ¿Qué crees que me diferencia del resto de las personas?
5. ¿Qué sientes cuando estás conmigo?
6. Cuando me recuerdas, ¿qué sensación invade tu cuerpo?

Puede ser una información sumamente importante para integrarla en tu punto de partida a la hora de construir tu marca personal.

No olvides que...

- La marca personal es la huella que dejamos en el corazón de las personas.

- Es uno de los intangibles más valiosos en los que podemos trabajar a nivel personal y profesional.

- Sin emoción, no hay conexión, por lo que es importante sentir y pensar bien de nosotros para poder vender adecuadamente.

- La construcción de tu marca personal te debe empoderar para generar influencia y así lograr objetivos.

- La reputación y el reconocimiento público son un regalo que una marca personal puede traer si se construye desde la esencia.

- La marca personal se construye a través de tres preguntas importantes: ¿quién soy? ¿Qué quiero? ¿Cómo lo puedo comunicar?

- Tener es una consecuencia de hacer, y hacer, una proyección de tu más profundo ser.

- El propósito es el para qué haces lo que haces.

- El ADN de una marca personal poderosa incluye: presencia, personalización del momento, actitud contagiosa, confianza, respeto, ganas de seguir aprendiendo, distinción, valor y amor propio.

- La marca personal no vende, hace que la gente compre.

6

"Quien lo piensa mucho antes de dar un paso, se pasará toda su vida en un solo pie".

PROVERBIO CHINO

Desarrolla tu potencial

Desarrolla potencial

De vez en cuando, me da por ir a correr. Voy a un paraíso en medio de la Ciudad de México que no te imaginarías que pudiera existir en una metrópolis. ¡En verdad es maravilloso! Una vez, trotando, no pude evitar voltear a ver al resto de la gente que me rebasaba por la izquierda. Por un momento apresuré el paso, pero sentía que mi corazón se iba a salir, así que opté por caminar y regresar de golpe a mi realidad. ¿Por qué quería competir con ellos?

No sé si a ti te pasa, pero es común pensar que la vida es una competencia con todos y por todo. **¿En qué momento dejamos de disfrutar el maravilloso y enriquecedor proceso de llegar al objetivo?** Es común ver solamente la meta y, es más, a veces ponemos más atención en quienes la cruzan que en nosotros mismos y en cómo estamos. No estoy diciendo que inspirarnos en otros y festejar sus logros sea malo, al contrario, pero ¿compararnos? ¡Esa es otra historia!

En el taoísmo existe algo que se conoce como los tres tesoros. Estos conviven y se integran de una manera muy filosófica y a la vez práctica. El *Shen*, asociado al espíritu, el *Jing*, que tiene que ver con el cuerpo, y el *Chi* o *Qi*, que está relacionado con la energía. La manera en que me lo explicaron en su momento fue usando la analogía de un auto (*Jing*), el conductor (*Shen*) y la gasolina que lo mueve (*Chi/Qi*).

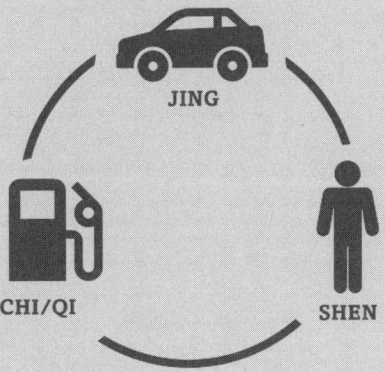

Cuando nacemos, venimos con un automóvil (*Jing*) determinado. Hay gente que nace con un auto de carreras y otros, con uno compacto pero muy práctico para la ciudad. Ninguno es mejor que el otro, simplemente funcionan distinto en diferentes situaciones. Ahora, y retomando la idea de competir, imagínate que, de la nada, estos dos vehículos comenzaran a correr e intentaran rebasarse. Es probable que luego de unos minutos así, el motor de uno reviente por querer seguirle el paso al otro, cuando en realidad nadie le pidió que acelerara, igual que me pasó a mí cuando fui a correr.

Resulta que ese *Jing*, ese auto, es el único que traemos, por lo que deberíamos cuidarlo y honrarlo en todo momento. El cuerpo, a través de lo que le ocurre, nos habla sobre el tipo de motor que trae. Las enfermedades, los malestares y, en general, cualquier sensación física a la que nos haga prestar atención son las luces del tablero que se encienden para avisarnos que algo no está bien, o que probablemente por ahí por donde vamos no es el camino. A veces ni vemos esas luces en nuestro tablero o, simplemente, no les damos importancia. ¡Ese es el valor de ir creando nuestro manual a través de la observación!

En cuanto al conductor, o *Shen*, es quien dirige la acción cuando no está en piloto automático, porque también nacemos con esa función mecánica. Es más, te apuesto que alguna vez mientras te bañabas te surgió la duda de si ya te habías lavado el cabello o no. ¡Ese es el automatismo en el que a veces nos encontramos! Cuando estamos atentos, nuestro espíritu se hace presente tomando el mando del automóvil. Él lo dirige y su presencia nos ayuda a conectar de una manera más profunda con nuestro propósito de vida y a disfrutar más nuestro andar. Sin embargo, cuando el conductor la pasa mal prefiere irse. Es decir, si nuestro cerebro empieza a rumiar cosas negativas, prefiere no estar. Para el taoísmo, el *Shen* se materializa a través del brillo en los ojos. Por eso nuestra pasión nos hace sentir tan vivos. ¡Tenemos conductor al volante!

El *Chi/Qi*, o bien, la gasolina que le ponemos a nuestro automóvil, es todo lo que nos nutre física, intelectual y emocionalmente. Es decir, la calidad de la comida que elegimos, nuestros sueños, lo que vemos y leemos. Hasta nuestras amistades pueden ayudar o perjudicar el rendimiento de nuestro auto. **¿A cuál de estos tres tesoros le tenemos que poner más atención? A los tres. Su interacción nos hace avanzar y abrazar nuestra individualidad.** Nos invita a escucharnos de una manera más profunda, a respetar y honrar nuestro "automóvil", a no competir y, por supuesto, a buscar gasolina de buena calidad para poder llegar adonde queremos. Es decir, para poder llegar a desarrollar nuestro potencial.

Hazte amigo del miedo

Bien, espero que después de entender esto elijas competir con tu yo de ayer para ser mejor hoy, y conseguir una gasolina óptima para que tu auto tenga mayor rendimiento. Ahora, abrazar estos tres tesoros requiere de disciplina y, sobre todo, de mucho valor. Necesitas aprender a confiar en ti y en lo que tu voz interna te está diciendo, además de aprender a callar a esa otra voz que se llama miedo y que se manifiesta en creencias o catástrofes mentales. Literalmente, me las imagino como un diablito y un angelito sobre cada uno de tus hombros.

Pero tampoco hay que ser tan radicales, porque el miedo sirve. No es el villano de la película, es, más bien, como una especie de "Pepe Grillo" algo pesimista. Nos ayuda a estar alertas de lo que ocurre y a estar preparados para el peor escenario. **Lograr distinguir el miedo paralizante del miedo protector es un gran regalo para corregir el pensamiento y confrontarlo.** Es decir, debes preguntarte: ¿por qué estoy experimentando miedo? Y al responder, estoy segura de que encontrarás una forma de llegar al fondo de las cosas y hallar soluciones a largo plazo.

Se habla mucho de pelear contra el miedo y confrontarlo hasta lograr eliminarlo. Pero se trata, más bien, de hacer las paces con él, agradecerle la sensación y hacerle la pregunta correcta. La respuesta irá en dos direcciones muy sanadoras: construir amor propio, mejor conocido como autoestima, y desarrollar confianza en la vida, que también se conoce como fe. Estos dos caminos nos ayudarán a erradicar pensamientos pesimistas sobre cosas que, el 95 % de las veces, no pasan.

Pero vayamos por la primera dirección: el amor propio. Mucho de nuestro miedo surge porque creemos que no somos capaces de lograr algo, como: "No pido mi promoción porque no soy bueno"; "Voy a reprobar el examen final"; "Me van a despedir después de la presentación"; etc. Todas esas escenas están poniendo en tela de juicio nuestra capacidad, por eso, desarrollar nuestra autoestima es uno de los puntos más importantes.

Aprender a ser fans de nosotros mismos es clave y lo primero que hay que hacer para eso es hablarnos mejor. Tenemos que hablarnos con un lenguaje compasivo y, sobre todo, propositivo. Es decir: "Renata, en otras ocasiones has logrado pasar tu examen de matemáticas de muy buena manera, ¡claro que puedes! Si te sientes insegura, repasemos un poco más y veamos si tienes alguna duda en los ejercicios". La primera parte se trata de alentarnos basándonos en hechos y, la segunda, de proponernos un plan de acción para reducir el miedo a reprobar el examen. **El miedo tiene la posibilidad de paralizarnos en algunas ocasiones, por eso es importante generar acciones que nos lleven a creer que sí podemos.**

No olvides que no se trata de pelearnos con él, sino de agradecerle el mensaje que nos trajo y resolverlo. Al actuar y tener buenos resultados, empezaremos a subir en espiral y esa subida nunca termina. Y si lo hacemos a través de lo que verdaderamente somos, el concepto que tenemos de nosotros mismos irá subiendo de nivel y eso nos impulsará a seguir consiguiendo cada vez más cosas. ¡Qué rica y poderosa manera de crecer! ¡Gracias, amigo miedo!

Ahora bien, la confianza y la fe son temas bastante más intangibles. Se requiere mucha disciplina interna, porque se trata de saber que lo que nos pasa es el mejor modo de aprender una lección. No es ser mediocres, sino asumir el resultado con total aceptación y, eso sí, buscar opciones para obtener lo que deseamos, sobre todo porque, en muchos de los casos, no tenemos total control de los resultados. **La vida es muy sabia y siempre nos va poniendo en el camino lo que es perfecto para nuestro desarrollo.**

Lo anterior engloba algo que se conoce como desapego. Pensamos que nosotros sabemos lo que es bueno para nuestro desarrollo, pero eso se llama control, que es justamente la materialización del miedo. El desapego invita a reflexionar con una perspectiva más a largo plazo. Y esto nos hace saber que lo que ocurre, aunque a veces no sea lo que queremos, es lo que tiene que ser.

Da mucha paz vivir desde ese lugar. Entendiendo que un "no" a veces trae un gran y más poderoso "sí" detrás. Algunos les llaman bendiciones disfrazadas, ya que, en su momento, quizá pudieron significar el peor fracaso pero, después de aprender la lección, entendemos que estamos frente a nuestras grandes perlas, joyas de las que hablaremos más adelante. ¿Te atreves a vivir con confianza pensando que la vida es perfecta tal y como es? ¿Qué miedo se puede sentir así?

Libérate de creencias

Todo el tiempo estamos recibiendo estímulos verbales y no verbales que llegan directamente a nuestro cerebro y, al asociarlos con nuestra información previa, sacamos conclusiones. Lamentablemente, a veces no actualizamos los archivos con los que vinculamos los nuevos estímulos, y así las respuestas que emitimos se forman a partir de una creencia que probablemente ya ni siquiera siga vigente.

Las creencias se vuelven los filtros que usamos para que la información nos llegue un poco más digerida. Se podría decir que son los lentes con los que vemos la vida. Hay unos que tienen los cristales rosas, otros los tienen tornasol, pero también están los que los tienen grises y todo lo ven más oscuro de lo que realmente es. Muchas de estas creencias las aprendimos cuando éramos niños y viven tan escondidas en nuestras *Fernandas* que ni siquiera nos hemos detenido a cuestionarlas.

Entre las creencias más importantes a confrontar están las que abrazamos como definiciones de vida: ¿qué es el éxito? ¿Qué es felicidad? ¿Qué es el matrimonio? ¿Qué es la pareja? ¿Qué es el amor? ¿Qué es ser bueno? ¿Qué se valora en mi casa? ¿Qué es ser perfecto? Hoy es momento de preguntarnos lo que realmente significan para nosotros y a partir de esas respuestas empezar a vivir nuestra vida. ¡Muy bien! Empezamos de afuera hacia adentro, pero ahora viene un tema más escabroso. Es el turno de ver las creencias que tienes acerca de ti mismo. Sí, esas que sigues abrazando y que hoy te definen nada más porque a los seis años alguien mencionó que no eras bueno en matemáticas o no podías bailar. ¡Me refiero a esas condenadas etiquetas que nos siguen persiguiendo! ¿Cuáles te dices? ¿Cuáles te limitan? ¿Cuáles te han cortado las alas? Existe una en particular que probablemente ya has escuchado y que es algo más que una creencia. De hecho, se le conoce como síndrome del impostor. Es la sensación de que no eres lo suficientemente bueno en lo que haces y, aunque la gente te diga lo contrario, vives pensando que algún día van a descubrir que no eres quien todos piensan que eres. Es más común de lo que crees y ocasiona que enfrentemos los desafíos con miedo y poca certeza. Aunque, recuerda, hay que hacernos amigos del miedo.

Combatir el síndrome del impostor es fundamental. Implica hacernos responsables de lo que nos sale bien. Es decir, reconocer que no todo es porque tuvimos suerte. **Muchos de nuestros logros tienen una relación directa con lo que hacemos para que ocurran.** Fomentar una cultura del festejo y, sobre todo, del reconocimiento es importante. ¿Qué te parecería empezar a celebrar tus logros escribiendo un diario de agradecimiento? Recuerda que las comparaciones no son nada saludables en el camino hacia tus logros. Es como querer copiar en un examen cuando las preguntas son diferentes. Empieza creyendo que puedes porque ese es el superpoder que a todos nos dieron y que no todos usan. ¡Cree en ti! ¡Rompe esa gran cadena que, muchas veces, tú mismo te pusiste!

Construye tu "yo perfecto"

Alguna vez, en un libro que no recuerdo, leí que en la vida no había que encontrarse, más bien el reto era inventarse. En ese momento, aunque lo entendí, no lo comprendí.

El entendimiento habla de un proceso mental, mientras que la comprensión, de uno emocional. Porque estarás de acuerdo conmigo en que no es lo mismo saber que sentir algo. Es decir, no solo se trata de tener información, sino de aplicarla y creer en ella. Acuérdate de que la información no es poder, únicamente es un poder potencial.

Hay un montón de investigaciones acerca de la capacidad que tiene el cerebro humano para cambiar y adaptarse al entorno. A esa capacidad se la conoce como neuroplasticidad, ya que el cerebro tiene la gran facultad de moldearse como si fuera plastilina, de ahí el nombre, y lo más fascinante es que a través de la repetición nosotros vamos dándole forma. Bien dicen por ahí que los hábitos nos construyen, y tienen toda la razón, porque son una serie de acciones que repetimos constantemente.

Bajo la posibilidad de construirnos a través de la repetición de acciones, las grandes preguntas serían: ¿quién quieres ser? ¿En quién te quieres convertir? Cuando logramos dar respuesta a esas preguntas, estamos frente a nuestro gran objetivo diario que no deberíamos perder nunca de vista, como si fuera nuestro faro en la orilla, uno que nos alumbra el camino para actuar, pensar y sentir constantemente.

Ahora bien, **el reto no solo es construirnos, es también honrarnos como seres perfectos.** Y cuidado, antes de que te empiece a dar taquicardia este concepto de perfección, me gustaría invitarte a observar esa palabra con otros ojos. Bajo los estándares que tenemos, la perfección implica que nunca nos equivocaremos y que somos seres inmaculados. Pero yo gozo compartir mi definición de perfección bajo una lupa más amorosa: es la forma en que hoy somos y que es perfecta para aprender las lecciones, para llevarnos al siguiente nivel de crecimiento y, sobre todo, para darnos cuenta de que mañana podemos volvernos nuestra mejor versión si honramos la actual. Sí, eres perfecto para las lecciones de hoy. ¿Y para mañana? Probablemente tengas que hacer ajustes y ahí viene el grandioso camino de crecimiento, que quiere decir abrazar nuestra perfección siendo completamente imperfectos.

Recuerda que es sumamente importante que te preguntes: ¿en quién me quiero convertir? Esta pregunta da por sentado eso que deseas ser, porque hoy no lo eres, pero siendo impecables con nuestro lenguaje y hablando en positivo. El cerebro no entiende el no. ¿Quieres comprobarlo? No pienses en un elefante gris. ¿Qué pasó? ¿Verdad que pensaste en él? ¡Así de increíble es nuestro cerebro! Y ahí radica la importancia de hablarnos con un lenguaje más propositivo. ¿En quién te quieres convertir? ¡Te lo dejo de tarea!

El poder de la visualización

Es grandioso el poder que tenemos de ponerle *play* a lo que queremos ver y conectarlo con todo lo relacionado a la emoción de esa escena. Recordarás que habíamos mencionado que nuestro cerebro no sabe diferenciar entre pasado, presente, futuro, realidad o mentira; y al no hacerlo, él piensa que está ocurriendo todo eso a lo que decidimos ponerle atención.

La visualización es la posibilidad que tenemos de elegir alguna escena que realmente queremos vivir. De esta manera, conectamos con todo lo que nos genera bienestar y que ayuda a mejorar nuestro estado anímico. Es importante aclarar que, como mencioné anteriormente, no es lo mismo pensar que sentir. Y el reto al momento de la visualización es sentir la escena tan real que nuestro cerebro piense que de verdad está ocurriendo.

Cuando hablo de esto en mis talleres, mucha gente me dice que lo que estoy proponiéndoles es la técnica de "la ley de la atracción". Te mentiría si afirmara que he profundizado en ella. Lo que sí te puedo compartir es que cuando deseamos algo tanto y nos sentimos tan atraídos a ello, buscaremos todas las maneras de lograrlo. ¡Ahí es cuando nuestro poder sale y verdaderamente hacemos magia!

Por eso, **el primer paso para empezar a ser alquimistas de nuestra vida y dueños de nuestro destino es saber hacia dónde queremos ir.** Es tenerlo tan claro que, al momento de cerrar los ojos, podamos verlo y sentirlo tantas veces como sea necesario para obtener la energía suficiente para luchar por ello. Me atrevería a decir que sería muy bueno construir un anclaje en él para recurrir a esa imagen cuando más la necesitemos.

Por sencillo que parezca, esa claridad nos ayuda a validar cada paso que damos y, sumada a nuestra marca personal, va contagiando a otros con su poder de inspiración. Es una herramienta poderosísima que la gente exitosa ha confesado utilizar como uno de sus hábitos y a la que le atribuyen parte de su crecimiento. Pero yo te diría, más bien, que dudes de esto y mejor compruebes por ti mismo su poder. Observa cómo a través de la visualización reduces el estrés y adquieres enfoque y claridad para lograr tus objetivos.

Para ver resultados no solo se trata de hacerlo una vez y ya. Hay que tener el hábito y vivirlo diariamente para ir abriendo nuestros ojos a los caminos que nos guiarán a donde queremos ir. Y, sobre todo, para generar un nivel de bienestar que conecte con la creatividad, porque, aunque no lo creas, cuando somos negativos, nuestro cerebro bloquea la zona creativa que desarrolla soluciones. ¡Manos a la obra!

Es momento de llevarlo a la práctica

Elige un lugar cómodo en el que nadie te vaya a molestar. Siéntate con la espalda recta y estira tu cuello ligeramente. Deja los pies tocando el suelo, las manos sobre tus rodillas y cierra los ojos. Inhala y exhala haciéndote consciente de tu respiración. Cuando estés enfocado en ella, sitúate mentalmente en tu lugar favorito. Ahí hay una pantalla que de pronto se enciende y transmite esa escena que tanto deseas. Nota cómo sonríes de la alegría que te genera ver cumplido tu sueño. Después de disfrutarlo, apaga la pantalla y, cuando estés listo, abre poco a poco los ojos. Mueve lentamente tus manos, brazos y piernas. ¿Qué sentiste? ¿Percibiste una sensación de bienestar después de disfrutar de tu deseo materializado? Anota tu experiencia y, si es posible, repítela cada día.

No olvides que...

- El taoísmo propone tres tesoros que coexisten de una manera perfecta en cada uno de nosotros: *Shen*, *Jing* y *Chi/Qi*.

- El *Shen* es el espíritu o conductor que está a cargo de dirigir y proteger al automóvil.

- El *Jing* es nuestro cuerpo y, en la analogía, el auto con el que nacemos para llegar adonde queremos ir. Hay que tener cuidado de no competir con otros automóviles. No todos traemos el mismo motor ni queremos alcanzar las mismas metas.

- El *Chi/Qi* es la energía con la que hacemos que nuestro cuerpo camine todo el tiempo. Las relaciones personales, la información que leemos y lo que comemos va constituyendo la calidad de la gasolina que le ponemos a nuestro auto.

- El miedo es una emoción básica, pero también puede volverse un sentimiento. Recuerda hacerlo tu amigo.

- Se trasciende el sentimiento de miedo a través de la confianza y autoestima.

- Las creencias son filtros con los que vemos la vida y tomamos decisiones. Hay que cuidar actualizarlas para que no alteren nuestra toma de decisiones ni la manera en cómo nos vemos.

- El síndrome del impostor es aquel por el que sentimos que nuestros éxitos se deben más a un factor de suerte que de talento.

- La visualización es una herramienta que ayuda a imaginarnos con mucho realismo algún sueño que nos gustaría lograr. Sus beneficios bioquímicos son superefectivos para mejorar nuestro humor y darnos enfoque.

7

> "Te has criticado durante años y no ha funcionado. Intenta aceptarte y observa qué ocurre".
>
> — Louise L. Hay

Reconcíliate contigo mismo

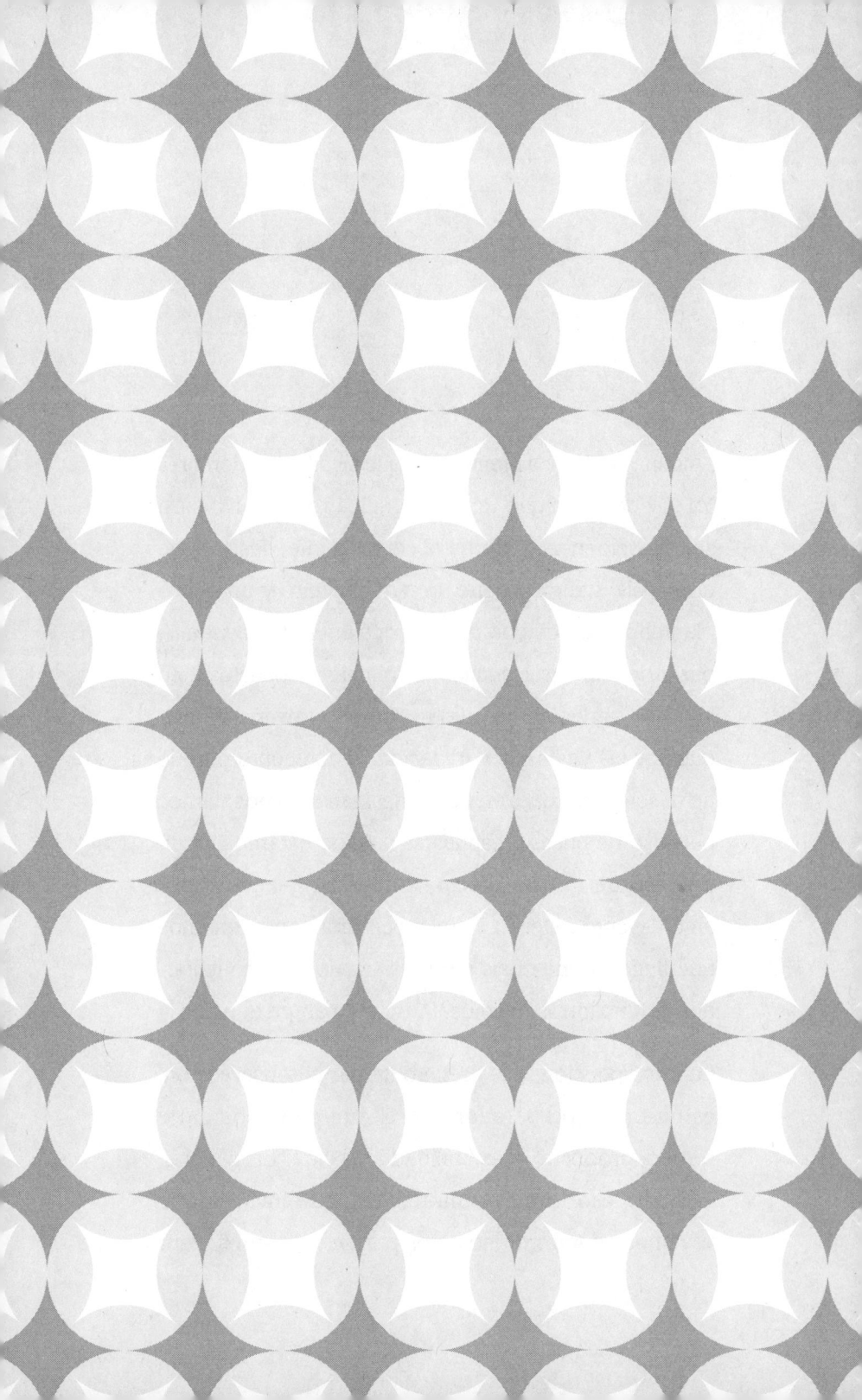

¿Alguna vez te has preguntado qué significa tu nombre? Yo sí y descubrí que Renata significa renacer. No sé si sea coincidencia, pero he observado que, después de una crisis, siempre viene un renacimiento y un nuevo planteamiento de cómo tengo que entender la vida. A partir de una crisis, encuentro muchas respuestas y, en lugar de verlas como algo malo, me atrevería a decir que hoy las vivo muy agradecida. Te lo cuento porque he descubierto que, en ocasiones, tan solo nos damos permiso de buscar respuestas cuando estamos en un proceso de transformación profundo, generado por algún evento externo. Pero ¿necesariamente tenemos que llegar a una crisis para repararnos y reconciliarnos con nosotros mismos? A mí me parece que no.

La introspección, que prefiero llamar autoobservación, es un proceso liberador con el que podemos darle rumbo, propósito y estabilidad a la vida. En general, este proceso lo motiva la tristeza, que invita a que vayamos adentro de nosotros para reajustarnos. Pero

debemos entender que en cualquier momento podemos hacer una pausa y recapitular para ver qué hay que sanar.

¡Las pausas son necesarias! En ellas podemos observar hacia dónde estamos yendo, además de que podemos confrontar, cuestionar, perdonar y trascender eventos. Las pausas no son exactas ni homogéneas y, mientras ocurren, pareciera que no estamos creciendo pero, en realidad, estamos muy concentrados haciéndolo por dentro. Hasta que, de repente, descubrimos que tenemos la posibilidad de llegar más lejos y de una manera más fácil o eficiente.

La reconciliación, por otro lado, es una decisión y un hábito que deberían vivirse a diario. Sin embargo, he descubierto que llegar a la raíz de las cosas lleva tiempo y, sobre todo, requiere de mucha disciplina para realmente sanar desde la causa. Es como quitar capa por capa para llegar a la esencia misma.

Rupi Kaur, una poeta e ilustradora india-canadiense, dice: "Para sanar tienes que llegar a la raíz de la herida y besarla desde ahí hasta arriba". Es una manera muy linda de entender este proceso. No es pelearnos, es entender nuestra herida para reconciliarnos con nosotros mismos. ¿Te animarías a besar la tuya desde la raíz?

¿Cómo se forman las perlas de nuestra experiencia?

Si te pidiera que imaginaras a una persona rica, ¿qué pensarías? ¿En alguien nadando en monedas de oro? ¿Casas gigantes y autos de lujo? ¿Alhajas puestas por todo el cuerpo? Por mi parte, cuando escucho esa palabra, me viene a la cabeza una persona llena de joyas pero de otro tipo. Para mí, las personas ricas son aquellas que de todas sus experiencias han logrado obtener una lección y las portan con orgullo. Son quienes lograron ver el aprendizaje antes de echarle la culpa a los demás, transformando el dolor o cualquier emoción en entendimiento y hasta reconexión. Son personas, esencialmente, sabias.

A ese tipo de refinamiento muchos lo conocen como "las perlas de vida". La explicación es mágica y toma como referencia el proceso de formación de las mismas. La naturaleza es increíble. De ella podríamos extraer las mejores analogías para entender la vida y vivirla de una manera más sencilla. Las perlas son el resultado de un cuerpo extraño que pudo haber matado a la ostra, pero que, en cambio, se volvió su parte más preciada.

Imagínate que la incomodidad hizo que el molusco cubriera de nácar el cuerpo extraño para que no lo lastimara. Poco a poco agregó capas para irlo envolviendo y, entre más lo cobijaba, más aumentaba su valor. Esta es una grandiosa metáfora para aplicar a la vida. Hay experiencias que nos pudieron matar o nos hicieron sentir muy incómodos. Pero, al revestirlas con amabilidad y una visión más amplia, podemos transformar ese evento hasta convertirlo en una verdadera riqueza para nuestra vida.

Todos tenemos historias dolorosas y cada una de ellas ha sido perfecta para regalarnos un aprendizaje que hoy nos hace ser quienes somos. Cada día tenemos la responsabilidad y obligación de elegir. Podemos vivir a través de la amargura, tristeza y victimización, o bien, abrazar la compasión, el entendimiento y heroísmo. ¿Cuál prefieres vivir y experimentar?

Lo que no nos mata no necesariamente nos hace más fuertes. Si ese evento lo recuerdas con sufrimiento o coraje, ocasionarás que en algún punto te pase una factura muy costosa. El proceso de formación de una perla se hace a través de preguntas como: ¿para qué ocurrió? ¿Qué tengo que aprender? ¿Qué me deja ver de mí mismo que no había visto antes? ¿En qué persona me estoy convirtiendo después de esto? ¿Qué desarrollé de mi personalidad? ¿Qué regalos emocionales me trajo? Cada respuesta va envolviendo con una capa más de nácar esa incomodidad y la vuelve un verdadero regalo.

Si todavía no encuentras las respuestas, no te preocupes, seguramente aún existe dolor que hay que aprender a honrar también. Pero cuando tengas la posibilidad de contestarlas, irás encontrando la perfección de los hechos y probablemente hasta puedas agradecer por la experiencia. Al hacerlo, ten por seguro que habrás encontrado la perla y eso te hará rico. ¿Tienes alguna experiencia que aún no conviertes en joya? ¿Qué esperas para hacerlo?

¿Cómo podemos recontarnos nuestra historia?

La memoria tiene una manera muy divertida de funcionar. Archiva los recuerdos y los fragmenta para almacenarlos. Cuando los traemos al presente, la emoción que estemos experimentando en ese momento funcionará como pegamento, haciendo de ese recuerdo uno nuevo. Es por eso que nuestras memorias evolucionan con nosotros. ¿O nunca te ha pasado recordar el mismo evento de distintas maneras? Te pongo un ejemplo. Si tuviste una primera cita superamorosa y la recuerdas con mucha alegría, cuando vuelvas a traer ese evento a tu memoria en el momento en que termines la relación, con la tristeza del duelo o el enojo, probablemente se modifique y termine no siendo la mejor remembranza. **Los recuerdos no son estáticos.** De hecho, cambian con las nuevas vivencias que tienes y, además, van sumando también las historias que otros cuentan de ellos. Por eso es común que, después de escuchar diferentes testimonios de la misma escena del crimen, algunos testigos cambien su versión de manera radical.

Otro aspecto interesante de la memoria es que, a través de la repetición del recuerdo, vamos generando surcos que recorremos en automático a través de ella. A mí me gusta verlo así, como si la memoria fuera un pastizal donde, al haber hierba crecida por todos lados, el camino que recorriste por primera vez al recordar un evento dejó un surco. Y será el que siempre recorras cuando vuelvas a recordarlo. Cada vez que te vuelvas a acercar al pastizal, verás ese camino y esa será tu primera opción, aunque tengas todo el resto del campo para caminar. Usar la misma emoción, además de pasar por el mismo lugar todo el tiempo, genera patrones que pueden afectar la manera en cómo vemos las cosas, cómo reaccionamos ante ellas y hasta cómo recordamos sin haber sido necesariamente así los hechos.

Por eso, tenemos que estar muy conscientes de este funcionamiento para hacer que nuestra mente juegue a nuestro favor y no en nuestra contra. El reto es que las historias más duras de tu vida las traigas al presente, pero esta vez buscando contarlas desde otra perspectiva, caminando por otro lugar y así ir dejando un nuevo surco en tu memoria. **No podemos cambiar un vaso con agua, pero al verlo desde arriba o desde abajo se transforma en otra cosa.** ¡Ese es el regalo de la compasión! Ver las experiencias de diferentes maneras.

La compasión es una elección. Es un sentimiento muy poderoso que ayuda a que transfieras tu perspectiva del hecho y lo veas como si fueras otra persona, a pesar de ser el protagonista. Mi amigo Jorge Arteaga, emprendedor y expiloto de NASCAR, a menudo me repite: "En toda historia siempre hay tres historias: la tuya, la mía y la que realmente pasó". Compasión es entender la historia con todas las versiones y así generar un entendimiento real de los hechos. ¡En serio cambia completamente la narrativa!

Te dejo un ejemplo de esto, uno de los más comunes en las consultorías. Julia tiene un conflicto con su papá. Cuando ella era muy pequeña, él se fue y no lo ha podido perdonar. Al indagar en la vida de su padre, Julia descubre que fue huérfano desde muy pequeño y que no tuvo una figura paterna a seguir. En ese contexto, ¿crees que él tenía los recursos y las herramientas emocionales para poder ser un padre ejemplar y estar presente para Julia?

Ojo, no se trata de justificarlo, sino de generar un entendimiento más profundo de la situación a través de la compasión, reforzando sus perlas y buscando que ella camine de una manera más ligera. Él no tenía con qué quedarse y ella, después de su partida, desarrolló fuerza, autosuficiencia y otra cantidad de regalos increíbles. El pasado no se puede cambiar, pero somos dueños del presente y creadores de nuestro futuro.

Recapitular tu vida y rescatar las perlas de cada experiencia puede ser el mejor regalo que te des a ti mismo. Ir más ligero y solamente recordar experiencias, no traumas, puede ser un factor determinante en la construcción de tu mejor versión. ¿Te animas?

El regalo del perdón

Siguiendo con el ejemplo de Julia, no solo es necesario desarrollar compasión para entender la historia. Existe otro ingrediente fundamental que hace la diferencia en nuestra narrativa: perdonar. Un concepto que genera muchas ideas erróneas y, por eso, me encanta hablar de él para aclararlas. Por ejemplo, pensamos que perdonar a alguien está vinculado con regresarle el habla y aplicar el "borrón y cuenta nueva". Incluso a veces pensamos que perdonar quiere decir ser quien da el primer paso para retomar la relación. Pero todo eso sería hacerle un favor al otro y, cuando hemos sido lastimados, no es algo que deseamos hacer.

Perdonar no significa liberar a la otra persona de las consecuencias, es más, ni siquiera es necesario hacerle saber cuando nosotros ya lo hayamos hecho. Perdonar es, más bien, un acto de amor propio que ayuda a que el veneno, ese que se origina cuando uno se llena de rencor y coraje en contra de alguien, y que a veces te encantaría que se lo tomara la otra persona, no te lo tomes tú.

¿Cómo podemos perdonar? Lo primero que hay que hacer es decidirlo. Es una elección personal que sale desde el fondo del corazón y no nace de la cabeza. La mente puede crear palabras que digan que ya ocurrió, pero si realmente no lo sientes, no pasará nada en realidad. Requiere de mucha honestidad, valentía y, por supuesto, una gran dosis de amor.

Después, debemos entender la emoción que nos generó. Probablemente veamos que es un patrón que se repite, o bien, que está encubriendo otra emoción más profunda. Por ejemplo, hay mucha gente que se enoja para esconder su miedo o tristeza. Pero conocer la emoción raíz nos dará mucha más claridad para saber qué es lo que hay que sanar y en verdad comprometernos a hacerlo.

Luego viene una parte dura, pero clave para este proceso: entender la responsabilidad que tuvimos. Este paso no aplica para todas las situaciones. Por ejemplo, usar la historia de Julia aquí sería sumamente injusto, ya que la corresponsabilidad de una niña pequeña en situaciones como esta es inexistente. Más bien, en estos casos es importante regresar a la compasión y llevarla al paso siguiente del proceso de perdón.

Por ello, me gustaría que pensaras en una edad y en una situación para aplicar la corresponsabilidad: una pelea con alguna amiga que te lastimó mucho, una infidelidad o algún tipo de injusticia por parte de tu jefe. Algunas preguntas interesantes para plantearte serían: ¿qué cosas hice para llegar a esta situación? ¿Qué temas que no he sanado con anterioridad se repiten? ¿O qué tantas señales dejé pasar en esta situación antes de llegar hasta donde llegó?

Verlo desde un lugar de mucha honestidad sirve para poder tener objetividad. A veces, al tener esta perspectiva, hasta se pueden reducir las emociones negativas que nos generó la situación. Pero cuidado, no se trata de que tú te eches la culpa de lo ocurrido, sino simplemente de ver la narrativa desde varios lugares y hacernos corresponsables de la situación. Porque, al final, el tango se baila entre dos. Por último, viene el paso que yo más disfruto y al que siempre invito: ¡agradecer! La gratitud es el nivel más elevado del perdón. **Cuando logramos agradecerle a la gente que nos hizo daño por la lección que nos dejó, estamos ejerciendo una energía de sanación muy poderosa.** Cuando llega el agradecimiento, es el momento en que dejamos de ser víctimas y nos volvemos héroes de nuestra historia. ¡Me encanta su poder! Perdonar no es olvidar, es permitir que esa influencia que tenía el evento sobre ti cese, para que dejes de sentir una emoción negativa que pueda drenar tu calidad de vida. Perdonar es caminar más ligero, con más sabiduría y gratitud, a través de los inesperados senderos en los que la vida nos da lecciones para seguir aprendiendo.

Sanando la culpa

Existe otro perdón para ejercer con mayor frecuencia y compasión, y es el que aplica para nosotros mismos. La culpa es un sentimiento muy poderoso que sirve para evitar repetir una conducta. Se genera a través de las creencias que tenemos y que a veces obtenemos por nuestra cultura, pero también al ser conscientes de la incongruencia entre quien deseamos ser y quien actúa. Es decir, si yo hago algo malo que, según la sociedad o mis ideales, no me acerca a lo que quiero ser, es muy probable que sienta culpa. Es una mezcla entre enojo, tristeza y asco. Y es un sentimiento social, porque muchos de nuestros conceptos del bien y el mal los obtenemos de nuestra cultura. Los neurocientíficos dicen que la parte cultural influye un 50 % en nuestras decisiones. La otra parte es la biológica, pero ese es otro tema. Lo que debe quedar claro es que la culpa dependerá de lo que yo vea como bueno o malo.

Te pongo un ejemplo. Para algunas culturas, tener varias esposas no está mal visto, por lo que si un hombre las tiene, no tendría por qué vivir con ninguna carga emocional al respecto. Pero, en muchas otras culturas, tener varias esposas es muy mal visto, por lo que ese mismo hombre no lo vería bien y hacerlo le ocasionaría un remordimiento de conciencia fuerte que le generaría culpa.

Este sentimiento puede ser muy duro cuando está presente en la vida de una persona. Normalmente aparece como una voz muy rígida y juiciosa que motiva a actuar para sanar el daño hecho. Por eso es necesario transmutarlo en algo más provechoso, como aprender la lección y así cambiar, o bien, actuar de otra manera, pero desde una conciencia compasiva.

Lo primero que hay que hacer para sanar la culpa es dejar de autocastigarnos. Repetirnos la historia una y otra vez no ayuda. Tanta repetición de pensamiento destructivo puede generar la sensación de desmerecimiento y la justificación de malos tratos. El objetivo es parar esa grabación. Saber que nos estamos haciendo más daño al seguir viviendo en el pasado. Después, hay que aprender a aceptar que estamos en un proceso de constante crecimiento. Las situaciones que nos generamos y experimentamos son perfectas para sacar otra parte de nosotros que requiere ser pulida y observada con mayor detenimiento.

Hay una frase de Maya Angelou, escritora y activista por los derechos civiles, que aplica perfectamente para entender más el tercer paso al que estamos llegando: "Perdónate por no saber algo que no sabías antes de aprenderlo". **La culpa es eso: juzgar al ser de ayer con la experiencia, sabiduría y consecuencias que sabemos hoy.** Es un proceso injusto porque esta nueva conciencia se generó por lo que viviste. Ese aprendizaje te tiene que llevar a vivir de diferente manera y a ver la vida de otra forma. La vida da lecciones, pero también te permite elecciones. Elige el camino correcto ahora.

Tendemos a ser nuestros peores jueces. Cuida que la culpa por no hacer algo, por no despertarte temprano, por no comer sano todos los días, por no terminar todos tus pendientes, casarte, tener hijos, o lo que sea, te impida vivir con entera paz. No dejes que nada invada tus diálogos internos con ruido externo o expectativas ajenas que solo te quitan paz. Recuerda que tú eres la única persona que elige sobre tu vida.

Es momento de llevarlo a la práctica

Es hora de que te recuentes tu historia accediendo al bendito poder del perdón. Piensa en una persona a la que aún tengas que perdonar y que te haya hecho mucho daño. A través de un ritual, es decir, poniendo flores, música, velas o lo que necesites para que tu cerebro conecte con ese modo, siéntate tranquilamente a escribir una carta. En ella debes agradecerle a esta persona las perlas que te regaló al vivir lo que vivieron. Observa qué va ocurriendo en tu cuerpo. Siente cada sensación que experimentes y dale salida a través de las palabras.

Cuida de no hacer reclamos, el reto es enfocarte en los regalos que te dejó haber vivido lo que viviste con esa persona para poder pasar la página de una vez por todas. Recuerda que no debes hacerlo desde el intelecto, sino sentirlo para que pueda ocurrir una honda transformación. Al terminar la carta no tienes que entregarla. Este ejercicio es para ti y para poder sanar una herida desde lo más profundo de tu ser.

No olvides que...

- Las pausas son procesos necesarios que sirven para reconciliarnos con nosotros mismos.

- Las perlas de la vida son las lecciones que sacamos a través del trabajo de conciencia que realizamos con nuestras experiencias más duras y difíciles.

- Reconocer la riqueza de estas experiencias en tu vida las vuelve verdaderas joyas.

- Los recuerdos no son estáticos, van evolucionando conforme nosotros lo hacemos.

- La memoria descompone los recuerdos y, según la emoción que experimentamos, los vuelve a unir.

- Contarnos nuestras historias de la manera correcta es clave para generar anclajes positivos en nosotros.

- Perdonar no tiene que ver con la persona que te agravió. Es un regalo para uno mismo.

- Perdonar es un proceso de recontarnos nuestra historia para obtener la perla de la experiencia.

- Perdonar nos permite caminar de una manera más ligera.

- La culpa es un sentimiento social que nos puede ayudar a generar sabiduría y a no repetir errores.

- Debemos perdonarnos por no haber sido la persona que hoy sabemos que podemos ser.

8

"Nos deleitamos en la belleza de la mariposa, pero rara vez consideramos los cambios que ha experimentado para lograr esa belleza".

MAYA ANGELOU

Empodérate

Empodérate

Una vez, en una reunión, no pude resistir jugar el rol de la observadora de conversaciones ajenas. Una mujer le decía a otra lo sorprendida que estaba porque una amiga había dejado su exitosa carrera profesional por cuidar a sus hijos: "¡No puedo creer que haya dejado el sueldo, el puesto y la posibilidad de crecer! ¿En qué cabeza? ¿Por cuidar niños? ¿Después de todo lo que ha hecho?".

Ahora, antes de continuar leyendo, me encantaría que te tomes una pausa y observes detenidamente qué es lo que estás pensando de esta situación que te acabo de contar. Si crees que la mujer que dejó su carrera por sus hijos está bien o no, no es importante, ya que cualquiera de las dos posturas son válidas. El punto es que quiero invitarte a que en este capítulo pongas una oreja dentro y otra fuera del libro. La del interior quiero que la uses para escuchar lo que te repites y a lo que a veces no le prestas la atención necesaria y, la del exterior, para detectar creencias sociales y ver qué te generan por dentro. Más adelante, usaremos esta información.

Pero regresando a mi rol de observadora de conversaciones ajenas, existen varias vertientes para debatir sobre aquella mujer sorprendida porque su amiga renunció a su carrera profesional por cuidar a sus hijos. Una de ellas, la más obvia, tiene que ver con la parte del ser "exitoso" y elegir dejarlo todo para tomar el camino "no exitoso". No porque sean contrarios, pero cuidar hijos no suena tan poderoso como hacer carrera en una importante empresa multinacional. A eso hay que sumarle toda la carga de creencias, esas ideas prefiguradas que viven dentro de nuestras cabezas y que son las responsables de opinar de cierta manera en diferentes situaciones.

La otra vertiente para debatir, y que se me hace interesante, es la que los economistas del comportamiento llaman "falacia del costo hundido", que no es más que el miedo a desperdiciar *eso* en lo que ya hemos invertido tiempo, esfuerzo, estudios, dinero, experiencia, etc.

Este concepto se me hace superinteresante de entender porque todo se aprovecha de una u otra forma. Por lo tanto, si esta mujer ejecutiva va a cuidar a sus hijos, es muy probable que al tercer mes inicie un negocio o administre su casa de una manera espectacular. Todo lo que aprendió en su mundo laboral impactará en su mundo familiar. ¡Nada se desperdicia en términos de experiencia!

Ahora, el tema sensible es que ese costo, a nivel cerebral, ¡claro que afecta! Es como si tu tío, ese que tanto respetas porque las cosas le salen medianamente bien, aunque es medio avaro y a veces hasta flojo, llega a hablar contigo de una manera muy seria y te dice: "¿En serio estás dispuesto a dejar todo esto en lo que has trabajado?". Así piensa el cerebro. Le molesta desperdiciar y hacer algo que nunca ha hecho, porque le requiere mucha energía. Todos tenemos un tío así en nuestra cabeza y es quien aconseja, en mi caso, a *Fernanda*.

Para la mente, todo lo que implica un extra de energía es una labor titánica. Por eso prefiere quedarse como está. Ama la zona de confort, los patrones de comportamiento y, sobre todo, goza los hábitos y las rutinas que le dan seguridad. Hacer algo diferente siempre es una elección que requiere una dosis de energía extra, de atención, disciplina, valor y constancia. Pero la gran recompensa es que nos podría llevar a tener la vida que soñamos.

Todo se aprovecha de una u otra forma.

¿Qué es poder?

¡Bien! Entremos en un tema interesante y, me atrevería a decir, hasta polémico. ¡Poder! ¿Qué es para ti? ¿Qué significa? La palabra viene del latín *posere* que significa "ser capaz de". Al hablar sobre él podríamos entrar en debates con diferentes autores y corrientes muy opuestas. Por lo que aquí me gustaría, más bien, profundizar en el concepto más tangible del que realmente podemos hacer uso: **poder es tener la total certeza de lograr lo que te propongas.** A lo que Romina Sacre, emprendedora y una influenciadora en el mundo digital, agregaría: con total libertad.

Tenerlo es un resultado, pero ¿alguna vez te has preguntado de dónde surge o cuál es su origen? Existen dos fuentes principales: la externa y la interna. Por ejemplo, para la externa funcionaría un puesto en una organización, formar parte de la asociación de estudiantes, dinero, un apellido de renombre que tiene cierta reputación, es decir, todo lo que por sí solo ya tiene cierta influencia. Ahora, el que venga de una fuente externa no es malo, siempre y cuando se sostenga con lo de adentro. ¿Qué quiero decir con esto? Que en caso de que se le quitara a la persona el dinero, el puesto o el apellido, no pasaría nada con ella.

La fuente interna es la que emana de tu esencia, o bien, esa que desarrollas con el tiempo. Va desde la capacidad de ser sensible a las necesidades de los demás, la conexión con otros, carisma, conocimiento, experiencia, trabajo, fuerza física, emocional, etc. Todo esto que eres (ser), que te ayuda a hacer y que, al comprobar que puedes conseguir cosas, construye una confianza en tu actuar. Crece conforme vas obteniendo resultados o, en pocas palabras, es progresiva y dinámica. Va construyéndose, poco a poco, y cambia todo el tiempo.

Existen creencias vinculadas al hecho de que el poder se construye trabajando por estas fuentes externas a las que podemos acceder. Pero yo crecí en un hogar donde la mayoría de las mujeres y hombres salieron a ejercer sus talentos y algunos se empoderaron y otros no. Aunque también algunas eligieron quedarse en casa para cuidar de la tribu y fueron superpoderosas. En pocas palabras, una cosa no da la otra. El poder es algo que sale de muy adentro, sin importar lo que hagas.

Ser capaz quiere decir lograr lo que ponemos en nuestra mente a través de nuestros talentos. Y lo rico de la vida es que todos queremos cosas diferentes, por lo que no hay competencia y, sobre todo, no hay respuesta buena o mala. Si te acerca a tu felicidad y bienestar, ¡ese es el camino correcto! ¿Qué quieres alcanzar? Plantéate esta pregunta con una premisa previa: si no tuvieras miedo, ¿qué alcanzarías?

La palabra libertad tiene un significado muy poderoso. Al escucharla, te apuesto a que imaginas plenitud y hasta una sensación de ligereza. Sin embargo, no necesariamente es así. Me atrevo a decir que carga con mucha responsabilidad y confrontación. Es dejar de ser prisioneros de las expectativas de otros y de nuestras creencias. Cosa que a veces no es nada fácil de lograr.

Te dije al inicio del capítulo que pusieras una oreja adentro y otra afuera para ir monitoreando tu voz interior y exterior. ¿Por qué? Porque hoy te quiero retar a que simplemente te preguntes si eso que pensaste de la escena de la mujer que dejó su carrera por sus hijos es una creencia tuya, de tus papás o de la sociedad.

Libertad es poder conectar con eso que sentimos que nos limita, darle las gracias y establecer nuevas ideas que nos llevarán a ser felices. ¿Viste el juego de palabras? ¿Ya eres libre? ¿Ya eres poderoso? Si no, ¿qué estás esperando?

Suavidad, la parte más equilibrada del poder

Pensamos que la libertad y el poder tienen que gritarse y exigirse, pero me atrevería a decir que es completamente lo opuesto en muchos casos. Aquí no incluyo las luchas sociales por los derechos humanos o la igualdad de género, por mencionar algunas; que tampoco deberían contener agresión, pero sí un tono más enfático. Me refiero a las peleas internas y personales que nos sirven para gritar nuestra verdad y demostrarla en nuestro actuar.

Aún recuerdo cuando mi abuelita, con toda la dulzura del mundo, hacía un comentario que generaba un eco infinito en los demás. Parecía que, más que una opinión, había sido una orden. Era sumamente interesante observar el fenómeno porque nunca la vi regañando, subiendo la voz ni mirando mal a alguien, al contrario. Y cada encuentro con ella era un replanteamiento de actitud, de objetivos y hasta de decisiones que, hoy que lo veo en retrospectiva, entiendo que solo podían ser generados por una mujer superpoderosa.

A lo largo de mi carrera profesional he podido colaborar con muchas mujeres y hombres en puestos importantes, quienes a veces creen que ser suave es igual a ser débil. Pero nada más alejado de la realidad. La suavidad es la posibilidad de mostrar nuestro lado más humano y compasivo que conecta con los otros.

No quiere decir que por eso no tengamos que ser firmes y decisivos para lograr cosas. De hecho, estoy segura de que has escuchado hablar del yin y el yang: fuerzas opuestas y complementarias que coexisten de una manera perfecta. Tanto hombres como mujeres tenemos estas dos fuerzas dentro de nosotros. La parte del yin es la más suave, sutil y femenina. La parte del yang es la competitiva, la directa y la masculina.

Por lo tanto, si las tenemos, ¿por qué no las usamos? Pensamos que las cosas solo pueden ser de una manera, pero ¿qué pasaría si todo lo que se nos ha dado lo usamos para generar un equilibrio en nuestro actuar? Suavidad es conseguir las cosas de una manera amorosa y eso inicia en ti. Siempre será más conveniente conquistar desde el amor y no desde el enojo.

Me ha tocado ser testigo del hecho de que, entre más gritos y agresiones, la gente percibe más poder. Pero no hay que perder de vista la posibilidad de que se use como un mecanismo de protección cuando la persona se siente amenazada. Es decir, al advertir que en su entorno hay algo que puede dañarla, la persona reacciona con rabia, la cual canaliza a través de acciones impulsivas y muy dominantes. Y eso no es poder, ¡es miedo!

No tiene más poder el que más grita. Lo tiene el que ha encontrado la manera de persuadir desde su centro más consciente, más pensante y, sobre todo, con el mejor manejo emocional posible. Lo que no quiere decir que nunca nos vamos a enojar. De hecho, honrar cada una de las emociones es vital. Solo recuerda que no eres la emoción, la sientes y la puedes usar en tu beneficio. Pero ya hablaremos con más calma de ellas en el próximo capítulo.

Reconectando tus neuronas de una nueva manera

Dicen que la práctica hace al maestro y esto aplica para absolutamente todo. El poder no podía ser la excepción y, si el reto es empezar a conectar con esta posibilidad de lograr lo que queremos y mostrar nuestra esencia más equilibrada, lo primero entonces es entender cómo transformar nuestro cerebro para lograrlo.

Para empezar, cuando repites una acción de manera constante, construyes algo que se llama un camino neuronal. En realidad, son conexiones que se forman entre las neuronas y que, cada vez que haces la acción, una sustancia llamada mielina pasa por ahí para repasar esa carretera.

Es como si camináramos por un pastizal lleno de hierbas. La primera vez, elegirás un camino y se marcará. Entre más camines por él, irás creando hasta un surco que, a menos que dejes de usarlo para que vuelvan a crecer las plantas, no dejará de engrosarse.

Esos caminos neuronales son creados por procesos mentales conscientes e inconscientes. Es decir, no solo cuando aprendes a andar en bici los formas. También cuando frecuentemente te repites que no puedes, que no eres lo suficientemente bueno en lo que haces, que existen muchos mejores que tú. Cada pensamiento que generas, lo ensancha. Por eso se dice que lo que crees, lo creas.

Mi petición inicial de este capítulo de tener una oreja adentro y otra afuera no era para probar qué pensamiento está bien o mal. Simplemente fue para iniciar una conversación con tu interior y que te dieras cuenta de que esas creencias pudieron haber construido una autopista o un camino de terracería para llegar a conquistar tus sueños.

Ahora, no todo está perdido si construiste una carretera llena de hoyos, con muchos obstáculos y desafíos en el camino. El reto es dejarla de usar y empezar la obra de otra más eficiente. Como todo, tomará tiempo. Pero, si te pones a pensar, ese no es un *costo hundido*, me refiero al que sientes cuando vas a desperdiciar algo. Sino que será toda una nueva obra que traerá desarrollo y mucho crecimiento.

Hay que ser disciplinado. ¿Te acuerdas que te dije que el éxito es progresivo y que se construye poco a poco? Pues aquí tienes la razón. Pero entonces, ¿cómo iniciamos la construcción? El lenguaje es una manera de hacerlo, es la materialización del pensamiento y la forma en que reforzamos la información al momento de escucharnos. **Empieza por hablarte bien. ¡Eres capaz! ¡Lo puedes lograr!** Y ojo, no son mantras, son tus porristas oficiales que, cuando lo haces una y otra vez, empiezan a cobrar fuerza.

Repítelo, repítelo y repítelo hasta que, después de tanta terquedad, el cerebro diga: "¡Ya está! ¡Aquí tienes tu autopista!". Y lo poderoso de esto es que cuando le agregas una emoción es como si, en vez de construir solo la obra, metieras a miles de personas a ayudarte. La emoción hace que el camino tome más fuerza. ¡Siente que puedes! ¡Vibra de emoción cuando pienses que ya lo conseguiste! ¿Verdad que la cara cambia solo con pensarlo y sentirlo?

La imagen del poder

¡Muy bien! Ya entendimos los principios básicos del poder. Es un proceso que emana desde adentro y así se logra la congruencia en el mensaje que se está dando. Ahora bien, ese poder nos sirve para lograr nuestros objetivos, pero también para influir en otros a través de nuestra marca personal, que se comunica a través de la imagen.

Imagen es la opinión que mucha gente tiene de nosotros. De nuevo, no es porque nos importe lo que piensen, sería darles demasiado poder. Simplemente tenemos que usarlos como un termómetro de lo bien o mal que estamos comunicando nuestro mensaje. Por ello, es importante que al momento de generar todos los estímulos para empoderarnos, nos fijemos en lo siguiente.

1. **No solo hay que ser, sino también parecer.** La ropa es uno de los grandes indicadores de nuestro estado emocional. Vístete con prendas que te aumenten la confianza, porque cuando sabemos que se nos ven bien y nos gustan, hasta logramos caminar diferente. Considera tres premisas para hacerlo: ¿quién eres? ¿Qué quieres? ¿A quién le estás hablando? La última pregunta te ayudará a que elijas mejor el código de vestimenta. No es lo mismo vestirte para ir a bailar y ligar un sábado por la noche que ir a conocer a tu suegra, ¿verdad?

2. **Gestiona tu lenguaje corporal.** En los diferentes capítulos hemos hablado de este tema. Recuerda que todo lo que ponemos en nuestro cuerpo va impactando en nuestro pensamiento. ¡Piensa bien o, si no, ponte derechito!

3. **Encuentra tu propósito y ten muy claros tus objetivos.** Nada más atractivo e influyente que una persona que te habla con convicción y pasión. Cuando crees en lo que haces y sabes exactamente adonde vas, ¡nadie te puede parar!

4. **Condúcete con ética.** Todo lo que uno hace deja huella en los demás. Es superimportante que cuides no pisar a nadie al momento de ir subiendo. Bien diría mi mamá: "La vida es la rueda de la fortuna, a veces te toca estar arriba y a veces te toca estar abajo". ¡Qué pena pedirle trabajo a alguien al que le cometiste fraude!

5. **Ya que tengas poder, sé generoso.** Adam Grant, psicólogo y autor estadounidense, plantea que la gente más generosa es la que a la larga puede llegar más lejos, contrario a lo que muchos podrían pensar. Ayudar a los demás sin esperar algo a cambio deja huellas que, después, suman en los procesos a largo plazo. Construyen equipos, generan socios y hasta competencia

leal. Además, se ha comprobado que ayudar a los demás impacta positivamente en el cerebro. En pocas palabras, ¡es un gran negocio ser generoso!

6. **Gestiona tu pensamiento diariamente para sentirte capaz.** Recuerda que el poder es una fuerza dinámica y progresiva. Llegar a sentirte con poder un día no significa que así será al siguiente. Confirma diariamente que puedes hacer lo que te propongas. Aunque no lo creas, repetir constantemente que puedes y eres capaz, mientras estás en el proceso, sí modifica los caminos neuronales y cumple el efecto de reafirmar tus capacidades.

7. **No hables mal de los demás.** Dicen que lo que Juan dice de Pedro, dice más de Juan que de Pedro, y coincido al 100%. Una de las razones por las que una persona puede hablar mal de otra es para sentirse mejor sobre sí misma. Es decir, no es que yo sea bueno, sino que tú, al ser malo, me conviertes en lo menos peor. Cuando te sientes bien contigo mismo, no necesitas ayuda para que los demás te vean mejor que a otros y, además, tu atención para generar emociones la enfocas en cosas que puedan aportarte algo positivo.

8. **Alégrate genuinamente por los logros ajenos.** Cuando alguien logra festejar los triunfos de otros,

ha conquistado el concepto de marca personal. ¡No existe la competencia! Sentirnos felices por los demás es el fenómeno más poderoso para inspirarnos y seguir nuestro propio proceso de conquista. ¡Así que promovamos que más gente celebre y se alegre de las victorias de los demás!

Con todo esto no solo estarás cuidando lo que los otros piensen de ti, aunque no sea nuestro foco principal. Más bien, estarás generando tu mejor versión, la que sin duda gritará por sí sola. ¡Necesitamos más gente poderosa! Es la conexión más real que podemos construir con el amor propio.

Imagen es la opinión que mucha gente tiene de nosotros.

Es momento de llevarlo a la práctica

Me gustaría que confrontes tu idea de poder. Las creencias que abrazamos de manera consciente o inconsciente pueden estar limitándonos para lograr lo que queremos. ¿Qué pasaría si, con completa sinceridad, hoy te cuestionaras algunas definiciones? Probablemente te ayudaría a tener mayor libertad para ejercer tu poder y conectar con la felicidad. Usando tu oreja interna, pregúntate:

1. ¿Qué pensaban tus papás del poder, el éxito y la felicidad?
2. ¿Qué se repetía todo el tiempo en tu casa alrededor de estos conceptos?
3. ¿Cómo los vives tú actualmente?
4. ¿Cómo te gustaría vivirlos?
5. ¿Qué ajustes podrías hacerles a tus definiciones de estos conceptos?
6. ¿Crees que podrías crear una autopista neuronal para cambiar?
7. ¿Has visto desde dónde sacas tu poder?

No olvides que...

- El poder es la certeza que tienes de saber que puedes lograr lo que te propongas y, además, es la certeza de saber que puedes elegir con total libertad.

- La "falacia del costo hundido" es el miedo a desperdiciar eso en lo que ya hemos invertido tiempo, esfuerzo, estudios, dinero, experiencia.

- Al cerebro no le gusta gastar energía haciendo cosas nuevas y, cuando estamos cambiando, el reto es repetirnos que somos capaces, hasta generar un nuevo camino neuronal.

- Hay fuentes internas y externas de poder. Las internas salen de uno mismo. Las externas las da una situación o contexto, como un puesto de trabajo.

- La agresión no es poder, más bien, podría significar un mecanismo que algunas personas desarrollan cuando se sienten amenazadas por su exterior.

- Suavidad no es lo mismo que debilidad. Es la forma más sutil, pero poderosa, de comunicar nuestra verdad.

- Los caminos neuronales son enlaces entre neuronas que se construyen a través de la repetición de una acción o de nuestras creencias. No se destruyen, solo se pueden debilitar, o bien, sustituir por nuevos caminos a los que se les da más uso.

- La repetición de una acción o pensamiento construye un camino neuronal más efectivo.

- La imagen es la opinión que otros tienen de nosotros como consecuencia de los estímulos verbales y no verbales que les enviamos.

- Una imagen de poder se construye desde la esencia y se refleja en el vestuario, el lenguaje corporal, un propósito puesto en acción, la ética, la generosidad, la gestión de pensamientos o no hablando mal de los demás.

- Alegrarse genuinamente de los logros ajenos es el nivel más alto de empoderamiento e inspiración para seguir creciendo.

9

"Conquistarte a ti mismo es una victoria mayor que conquistar a miles en una batalla".

DALAI LAMA

Las emociones y su impacto en mi imagen

¡Tengo que confesarme culpable! Recién casada, un día me puse a lavar platos y empecé a sentir cómo la sangre empezaba a hervir dentro de mi cuerpo. De repente, de la nada, apareció mi esposo en la cocina y, como loca, empecé a reclamarle que por qué no les había puesto agua a los platos. Se me quedó viendo, me dio un abrazo, un beso en la frente y se fue.

Como observador, seguro ya estás sacando conclusiones y a la mejor hasta llamándome loca. Pero cuando me puse a recapitular lo ocurrido, me empecé a dar cuenta de que en mi cabeza me estaba peleando conmigo misma. Es lo malo que provoca el hecho de que la mente no distinga entre realidad y mentira y, al ponerle *play* a la escena, produce sus respectivas sustancias químicas.

Como estaba lavando platos, se me hizo fácil empezar a pelearme con alguien más y llegó un punto en el que mi poca capacidad para escuchar a mi cuerpo y mis pensamientos me llevaron a reclamar cosas sin sentido.

Agradezco que haya sido con mi marido y que él estuviera en un lugar de mucha empatía. Pero imagínate que lo agarro en sus cinco minutos o estando en otro contexto. Así hubiera empezado a pelearme con la persona equivocada, como un cliente o mi jefe, y entonces, ¿qué hubiera pasado?

La gente pone etiquetas por eventos aislados y las emociones nos pueden encasillar en algunas que limiten nuestro desarrollo. **Es muy importante comprender que no somos lo que sentimos de manera temporal, aunque el cerebro no lo entienda.**

Existen muchos ejemplos de celebridades que, por no haber hecho una buena gestión de sus emociones, han pagado consecuencias muy caras. Desde contratos de patrocinadores millonarios, hasta rupturas de relaciones. ¡Nadie se salva! Lo interesante de esto es que, entre más visibilidad tienes, las consecuencias pueden ser más grandes. Por eso, y desde ya, deberíamos tomar cartas en el asunto.

Si pensabas que este tema de las emociones solo era para personas que necesitan sanar algo, o simplemente te daba flojera conocer un poco más, aunque sea por mero interés económico, sería importante que empezaras a profundizar en él. Hoy ya se fijan en la inteligencia emocional como una de las competencias a considerar para contratarte en una empresa y, claro, para elegir una pareja.

Inteligencia emocional es la capacidad que tenemos los seres humanos de reconocer, aceptar y hacer uso de la mejor manera de lo que estamos sintiendo para lograr nuestros objetivos.
Cuando decides "al calor de la emoción" no estás ejerciendo esta posibilidad. Recuerda que la parte del cerebro que ve a largo plazo se "desconecta" cuando está bajo la bioquímica emocional. Por eso, en cuanto estés en esos momentos en que empiezas a sentir cómo la sangre empieza a hervir dentro de tu cuerpo, respira profundo y evita decidir algo importante o contestar un correo electrónico. Podrías arrepentirte.

La gente pone etiquetas por eventos aislados.

Vulnerabilidad y empatía

Una de las cosas que nos puede confundir del mundo de las emociones es que las sentimos, pero no somos ellas. Es decir, yo me enojo, pero no por eso quiere decir que soy una enojona. Cuando el estímulo, que debería ser temporal, se vuelve algo permanente, de tal manera que hasta define mi personalidad, es momento de tomar acciones más radicales.

He visto con muchos de mis clientes que es común enmascarar algunas emociones que podrían comunicar debilidad, como la tristeza, a través de otras que proyectan fuerza. Y en vez de ayudar, a la larga esto va construyendo capas en nosotros que nos impiden realmente entender lo que nos está pasando por dentro.

Por eso es importante que te des cuenta de que ninguna de las emociones nos debilitan. Al contrario, y como lo mencioné en el capítulo 3, cada una nos va mostrando aquellos procesos más íntimos que deberíamos vivir con nosotros mismos.

A nivel cultural, también es común tener "emociones positivas" y "emociones negativas". Por ejemplo, en Inglaterra enojarse en público y manejarlo mal no muestra los buenos modales. En México, si un hombre se siente triste o tiene miedo y lo demuestra, probablemente lo molesten y se gane un apodo peyorativo que inhiba en futuras ocasiones esa muestra emocional.

Ahora, hay que aclarar. La invitación a conectar con cada una de las emociones no es a llorar enfrente de todo el mundo. Más precisamente, es una invitación a entender que cada una de ellas está conectando con un mensaje muy profundo y poderoso que debemos atender. No hacerlo sería volvernos rígidos y, en vez de hacernos fuertes, nos vuelve frágiles.

La fragilidad no es lo mismo que la vulnerabilidad. Me atrevería a decir que la segunda nos vuelve más humanos. No solo por la capacidad de sentir y actuar en consecuencia, también por la habilidad que tenemos de ver a futuro. Es decir, cuando yo veo que perdiste tu casa y, por asociación, me imagino en tus zapatos, me hace desarrollar algo que se llama empatía. Entonces respondo con actos que a mí me gustaría experimentar si estuviera en esa situación. ¡Nos vuelve mejores personas!

Cuando logro empatar la emoción, sentirla y, por lo mismo, actuar en consecuencia, estoy activando otra parte del ser humano que es hermosa. Se llama compasión. Es un sentimiento tan poderoso que busca aliviar el dolor ajeno. Cuando nos volvemos autocompasivos, el regalo que nos damos es invaluable. Es buscar la manera de realmente honrar de manera honesta lo que percibimos a través de nuestros sentidos y darle el tratamiento adecuado. ¡Eso es puro amor!

Detonadores de las emociones

Hemos ido entendiendo la importancia de hablar este lenguaje, pero para dominarlo, hay que entender cómo funciona. Vayamos entonces al origen de todo esto. Las sensaciones corporales son impulsos que le llegan a nuestro cerebro y, a través de nuestra memoria emocional, van tomando forma por asociación, opinión del hecho, o bien, suposición de lo que podría pasar.

Algunos recuerdos pueden estar conectados con experiencias negativas y otros no, pero al momento en que nuestro cerebro percibe algún dato que conecte con un recuerdo peligroso, se activa nuestro sistema de amenaza. Eso se conoce como un detonador/gatillo que, como tal, disparó la emoción en nosotros.

Dependiendo de lo que cada quien haya vivido, sus detonadores serán diferentes. Es la razón por la que a mí no me molesta que usen mi taza para tomar café, pero a mi compañera de escritorio sí. El desafío de estos gatillos es que muchas veces no los tenemos claros. Probablemente conecto muy a menudo con la emoción del enojo, pero sin siquiera saber qué me lo generó.

Sí, de manera genérica, podría decir que fue una injusticia lo que activó la emoción, pero es interesante ver qué situaciones en específico asociamos con ella, para ir entendiendo más de nosotros y así ir completando nuestro manual de uso. Te garantizo que no existen más de tres causas que te activan el enojo o cualquiera de las otras emociones.

Encontrar las causas que te disparan las emociones no hará que dejen de ocurrir. Lo que sí, tus tiempos de reacción pueden aumentar y, por lo mismo, dejará de ser una reacción y se volverá una respuesta más pensada. Además, comprenderás que la gente no te hace cosas, tú interpretas las situaciones de tal manera que activan algo en ti. En pocas palabras, los demás son grandes maestros que te vienen a enseñar cuáles son los temas pendientes por sanar.

Hay una frase que me encanta: si nunca sanas de lo que te hirió, sangrarás sobre personas que jamás te cortaron. Los detonadores se vuelven esos localizadores de la herida que te sirven para atenderla con mayor precisión. Si ya te diste cuenta de que, cuando alguien se aleja de ti activa tu tristeza, sería interesante entender por qué lo genera. Estoy segura de que, indagando, descubrirás cosas interesantes.

Ver las emociones como una fuente de información es clave. No son tus enemigas, todo lo contrario, son tus aliadas para escuchar mensajes poderosos que dejamos pasar por estar ocupados o poniendo atención a otras cosas. Te recomiendo que, como parte de tu manual personalizado, escribas y detectes cuáles son las situaciones que rompen tu armonía. Llevar este diario te irá mostrando el común denominador de esas situaciones para darles un tratamiento más particular. ¿Verdad que el cuerpo habla?

Mindfulness: honrando el presente

Desarrollar una oreja adentro y otra afuera es un gran regalo que te deberías de dar. No para escuchar quejas o dolor, sino para entender de una manera más profunda y de ahí generar una sanación real. Se ha comprobado que la atención plena, presencia o mindfulness es una de las estrategias que puede traer muchos beneficios a la vida.

Uno de ellos es que reduce el estrés. La explicación científica lo plantea como la posibilidad de atender el presente y no estar jugando en la montaña rusa de eventos del pasado, presente o futuro que, por lo demás, puede generar ansiedad. ¿Cómo funciona esta estrategia?

Te cuento. Hemos visto que la imaginación no es un acto neutral. Debemos evitar ser secuestrados por nuestros pensamientos y emociones. Hacer una pausa para observar lo que está ocurriendo es fundamental. Esta práctica requiere un entrenamiento intensivo. Es centrar nuestra atención en poner a la mente en calma y, a partir de ella, buscar callar el ruido que generan los pensamientos desordenados y excesivos.

Una mente en calma es sinónimo de estar atendiendo cualquier experiencia, interna o externa, de manera pausada y lo más objetiva posible.

Es lo que nos ayuda a poner distancia entre la reacción

impulsiva y la respuesta pensada. Es lo que ocurre al respirar profundamente cuando estás enojado y decir en voz baja: "No lo digas porque te puedes arrepentir".

El regalo más grande que te da esta herramienta es honrar cada una de las emociones, sean "buenas" o "malas". Dale espacio a esa sensación corporal y reflexiona de manera profunda sobre ella. ¿Qué tan profunda? Tanto como tú lo desees. Ahora, algo que he observado, y de lo que he sido también víctima, es querer huir del dolor. ¡Qué miedo da sentir dolor! Es como si fuéramos intolerantes. Ojo, no estoy diciendo que desarrollemos una personalidad masoquista, sino que hay que respetar la emoción cuando aparece para decirle que sí nos importa el mensaje que quiere decirnos.

Es como cuando un niño pequeño tiene algo que contarte. Llega corriendo emocionado con las manos en constante movimiento y tú, sin mirarlo, le dices que te lo cuente rápido porque tienes prisa. Imagínate lo que ese chiquito sintió. Así veo las emociones cuando no las queremos escuchar. Se van a ir tristes, enojadas y frustradas a esconderse en un rincón. Luego no querrán volver a aparecer, aunque sí se quedarán ahí, hasta que un día, por el aislamiento que generó ese estilo de vida, solo veas como resultado tu nuevo nombre: "(Inserta aquí tu primer nombre), el enojón".

Mindfulness no es una práctica aislada de un día a la semana. Es una invitación a que lo pongas en práctica siempre, no solo cuando estás a punto de explotar. Es una manera muy sanadora de ver las cosas. Sobre todo para encontrar respuesta y gratitud a la pregunta: ¿para qué ocurrió lo que ocurrió? Porque, además, otra cosa increíble de esta presencia es que te da la oportunidad de crecer a través de lo que los otros te están enseñando de ti.

Practica con respiraciones conscientes y profundas cada vez que te acuerdes. Verás la gran diferencia que puede hacer en tu cuerpo y en tu sistema de pensamiento. Si lo quieres llevar un paso más adelante, intenta comer o tomar tu taza de café con completa atención a lo que pasa en tus sentidos en ese preciso instante. Ve sintiendo la taza y cómo entra el líquido a tu boca. Identifica en cada sorbo dónde se quedó el sabor amargo o lo caliente. Huele, ve, siente. ¡Deja que todos tus sentidos salgan a jugar!

¿Verdad que la vida se puede disfrutar más de esta forma? Nada más estimulante y atractivo que estar aquí y en completa presencia al momento de interactuar con cualquier persona. **Recuerda que el reto que tenemos es el de desconectarnos (de la tecnología), para conectarnos con nosotros y los demás (en la vida real).**

Trasciende las emociones

¡Bien! Estás a punto de volverte un experto en emociones. Ahora, es momento de que tengas claro que el gran regalo que te da su gestión es el mejoramiento de la relación que puedes sostener contigo y con el resto de la gente. No es controlarlas, es, más bien, hacer el mejor uso que podamos de ellas. El tema de las emociones no es algo que puedas aprender a través de la teoría. Tienes que vivirlas y sentirlas para poder entender el gran regalo que te dan. Por lo que te invito a que repasemos algunos puntos a considerar al respecto.

1. **Honra la emoción.** Aunque parezca disco rayado, el primer paso para vivir con cierta inteligencia emocional es honrar las emociones. No es llorar enfrente de todo el mundo, es dejarte sentir eso que a veces no es lo más lindo que puedas experimentar. Ojo, no es quedarnos a vivir en ella, es ser observadores, sin juicio, de lo que le está pasando a nuestro cuerpo.

2. **Entender el disparador.** Preguntarnos para qué lo estoy sintiendo, o qué me quiere decir, es algo muy importante. Recuerda que, si entendemos nuestros disparadores, podemos empezar a aumentar nuestros tiempos de reacción.

3. **Haz las paces entre cuerpo y mente.** Ninguno es mejor que el otro, los dos viven y conviven en la misma persona y se mandan señales todo el tiempo. ¡Hazlos mejores amigos! Que la mente no descalifique lo que siente el cuerpo.

4. Conoce en dónde sientes cada emoción. Repasa la lista de las emociones básicas. Encuentra en dónde las sientes. Recuerda que cada persona es diferente. Identifica corporalmente en dónde se aloja cada mensaje que te están dando. Por ejemplo: para mí el enojo se hace presente a través de las orejas calientes.

5. No seas víctima. Las emociones nos sirven de escudo: "Me hiciste enojar". Evita ser víctima y busca la causa que pudo haberte sacado de tu centro.

6. Domínalas tú y no al revés. No dejes que, por ellas, tu imagen y marca personal se vean afectadas. Recuerda que todo el tiempo estamos contagiando emociones. Vuélvete alguien con quien sea grato convivir y con el que desees seguir caminando.

7. Aprende a llevarlas al siguiente nivel. Cada emoción tiene una lección importante que nos quiere enseñar. Quedarnos solo con la información, y no hacer nada con ella, podría resultar hasta contraproducente. El gran regalo es convertirlas en una perla que puedas agradecer con el paso del tiempo. Cada emoción, si se sabe escuchar, construirá grandes valores y formas únicas de ver la vida. Pero requiere de un proceso de sanación que te ayudará a llegar a ese gran sentimiento de liberación y aprendizaje.

Aquí te dejo la lista de las cinco emociones que hemos visto a lo largo del libro. Recuerda que son las básicas y universales. A partir de ellas podrás generar un mayor entendimiento del resto de los sentimientos.

Emoción	Sentimiento a desarrollar	¿Cómo?
Miedo	Autoestima, conocimiento, fe, confianza.	Estudiando y generando un verdadero entendimiento de la vida para desarrollar confianza. Conociendo tu esencia y conectando con su propósito. Dialogando con esa energía de bien superior (como le quieras llamar: Dios, Buda, Alá, etc.) que pueda proporcionarte paz y confianza en todo momento.
Tristeza	Gratitud, sentido de vida, inspiración.	Agradecer las lecciones dejadas para cerrar el ciclo. Honrar la duración. Buscar vivir bien como homenaje de amor a la persona que ya no está.
Enojo	Bondad, compasión, gentileza.	Contándonos la historia desde todos los puntos de vista. Entender que cualquiera puede estar atravesando un proceso sensible en su vida y requiere amabilidad en el trato.
Alegría	Disfrute, felicidad.	Pasando de la emoción temporal a una remembranza positiva permanente. Alargar lo más que se pueda el recuerdo.
Asco	Cambio de creencias, tolerancia, respeto.	Cuestionando el programa precargado y construyendo nuevas definiciones. Generando empatía y compasión por otros.

La manera de medir si ya vives con esta herramienta son los resultados. Observa qué pasa en tu entorno. Descubre cómo cambian tus relaciones poco a poco y, sobre todo, nota cómo tu rostro empieza a suavizarse. La cara y el cuerpo hablan, solo es cosa de que quieras escucharlos para conectar desde otro lugar contigo y con los demás.

Es momento de llevarlo a la práctica

Las emociones son una continua invitación a la autobservación. Aunque la invitación empieza por un tema corporal, desde el inicio de este libro el reto ha sido hacer las paces entre la mente y el corazón para que los dos trabajen a nuestro favor. Ser honestos con nosotros mismos nos ayuda a saber lo que tenemos que hacer. Ahora, contesta las siguientes preguntas recordando que la mejor respuesta que te puedes dar es la que sale del cuerpo, toca el corazón y llega a la cabeza.

1. ¿Puedes identificar las tres emociones o sentimientos que se presentan con mayor frecuencia en tu vida?
2. ¿Descubres alguna pauta común en ellos, tanto interiormente como en la situación que los dispara?
3. ¿De qué te protegen o qué te evitan?
4. ¿Actualmente, tu manejo emocional te ayuda o te limita a lograr tus objetivos?
5. ¿Encuentras necesario hacer algo para ir gestionando mejor tus emociones?

No olvides que...

- Tu manejo emocional impacta en cómo te perciben los demás.

- Entre mayor sea tu visibilidad, más grandes las consecuencias de un mal manejo emocional.

- No soy la emoción, siento la emoción.

- No existen emociones buenas o malas. Simplemente, cada una sirve para algo distinto.

- La vulnerabilidad no es fragilidad. Es conectar con la posibilidad de sentir, de ser empático y de volverte una mejor persona.

- La compasión es un ingrediente importante para generar conexiones reales con la gente.

- Los detonadores/gatillos emocionales son información que el cerebro asocia con un recuerdo y que activan nuestros mecanismos de amenaza o protección.

- Cada persona tiene un detonador diferente. Identificarlo puede ayudar a detectar cosas más profundas para sanar.

- Las emociones no se pueden contener o evitar. Únicamente se pueden aumentar los tiempos de respuesta y racionalidad en relación con ellas.

- Mindfulness, o atención plena, posibilita calmar nuestra mente para atender lo que ocurre en el presente con más claridad.

- La respiración consciente es una manera de poner atención al cuerpo y, así, gozar de los beneficios de practicar la atención plena.

- Las emociones no solo hay que estudiarlas, también hay que aplicar lo que se aprende.

- Los retos principales de las emociones son: honrarlas, conocer sus disparadores, hacer las paces entre cuerpo y mente, dejar de ser víctima, identificar en dónde las sientes, dominarlas y trascenderlas.

- Cada emoción se debe trascender a través de sentimientos positivos.

10

"No pienso en toda la desgracia, más bien, en toda la belleza que aún permanece".

ANA FRANK

Actitud

Actitud

Seguro te ha tocado presenciar cuando alguien llega a un lugar con cara larga, mucha negatividad y, en realidad, una barrera que no puedes traspasar. ¿No dices: "¡Qué mala actitud trae!"? Se puede ver y sentir claramente cómo la persona creó una tensión tremenda en el ambiente. Y sí, de una u otra manera, todos hemos pasado por una situación como esa, y hasta hemos sido esa persona. Aunque sea una vez.

No toco el tema para hacernos un nudo en el estómago del coraje ni para hablar mal de alguien. De hecho, me atrevo a decir que, si vives en piloto automático, quizá caes en las trampas de la mala actitud más fácil que quien vive con mayor presencia y atención.

Al trabajar con varias empresas, me he dado cuenta de que este es un tema muy sensible. ¿Cómo mejoro la actitud de mi gente? La realidad es que, por mucho que uno quiera hacer algo por cambiarla, la persona es la única responsable de hacerlo. Por eso es tan importante entender el tema a partir de lo que provoca cierta actitud. Ahórrate problemas y peleas mentales con tu hermano, pareja o amiga por su comportamiento. Por mucho que les digas, si ellos no quieren hacer algo, no ocurrirá ningún tipo de ajuste.

John Maxwell, reconocido autor norteamericano en materia de liderazgo, define la actitud como el sentimiento que se materializa en la conducta. Me encanta esta definición porque, para mí, la actitud declara a través de tu comportamiento todo lo que sientes y piensas de una determinada situación. Para bien o para mal, nuestra conducta dice mucho de lo que pensamos. Además, marca la dirección para encaminarnos hacia la obtención de resultados.

Te doy un ejemplo sensible. Una persona es diagnosticada con una enfermedad grave. Si ve la enfermedad como un obstáculo en su camino, vivirá con la posibilidad de buscar opciones y de actuar para seguir caminando. Pero si la relaciona con muerte, quizá su comportamiento se impregne de esa sensación y se deprima.

La diferencia radica en cómo piensas la situación. Por ello, bien dicen por ahí que 10% es el evento y 90% es lo que interpretas de él. Cuando hablamos de un cambio de actitud, más bien tendríamos que nombrarlo un "cambio de percepción".

Mitos de la actitud

Se nos suele bombardear con esta frase: "Ante todo, la actitud". Y sí, yo no estoy diciendo que no sea algo muy importante. Sin embargo, a veces podemos caer en sensacionalismos o malas ideas por querer tener una actitud determinada. Por ejemplo, pensar que la actitud sustituye a la aptitud es una de las ideas erróneas más comunes. Es decir, por muy positivo y amable que seas, si no sabes nada de tu empleo, probablemente hasta llegues a estorbar.

Mi papá lo dice de una manera bastante cruda, pero real: "No hay peor cosa que toparte con un inepto con iniciativa". Es decir, aquella persona que está dispuesta a ayudar, pero que no tiene ni idea de cómo hacerlo. La actitud ayudará a que esa empatía inicial sea muy positiva, pero ¿qué pasará cuando los resultados esperados no lleguen? ¡Tremendo desafío! Por ello, aunque se diga que la actitud multiplica, mientras las habilidades y el conocimiento únicamente suman, todo sigue siendo significativo en la ecuación.

También el optimismo sin fundamento es otro punto importante. Es decir, no es buscarle el lado bueno a las cosas solo porque sí y de una manera forzada. Si me rompo una pierna, no es festejar porque me la rompí. Es, más bien, entender que tengo que encontrarle la lección o el mensaje que me quiere dar ese acontecimiento, cuando sea capaz de verlo. Porque no siempre llega en automático. Mucho menos durante la crisis.

Ahora, la manera en que transitamos por una crisis sí tiene que ver con la actitud. ¿Cómo la enfrento y, sobre todo, desde qué lugar me pongo para afrontarla de la mejor manera? Puede ser desde el "pobrecita de mí", "por qué yo", o bien, continuando con el ejemplo de la pierna: abrazo la pausa, disfruto mi estancia en cama, entreno brazo para caminar con muletas y veo las posibilidades del mañana con buenos ojos, pero empezando desde ahora. Esto es a lo que se le llama optimismo inteligente.

Cuidado con pensar que una mala actitud solo se ve a través de una mala cara. También se puede hacer presente a través de la apatía, de no querer hacer nuevas cosas, de no buscar opciones o de no querer salir de la zona de confort. Probablemente al leer esto último, más bien, pensaste en alguien con mucha tristeza. ¡Y estás en lo cierto! Pero también en esos momentos es necesario cambiar el chip.

Existen casos que requieren atención médica, porque probablemente la persona no está segregando ciertos neurotransmisores y eso ya es una depresión. A esos casos yo no me refiero. Pero todos hemos sido víctimas de estos estados de cansancio, hartazgo o, simplemente, del hecho de tener pocas ganas. Cuando nos pasa esto, necesitamos un replanteamiento para volver a conectar con una percepción de la vida más efectiva para vivir. ¡Cuida no dejarte invadir por estos pensamientos para no darles cuerda!

Una buena actitud no debería costar trabajo mantenerla. Es un resultado de todo lo que has percibido de tu realidad.

De nuevo: no se trata de poner una sonrisa y llegar silbando y aplaudiendo porque todo es bello. Más bien, es aprender a percibir la realidad y hacerlo desde un lugar de mucho entendimiento. No queremos que te vuelvas el mejor actor que sale a escena cada vez que estás con alguien. Lo falso cae mal, cansa y aleja. Recuerda que la naturalidad vende y conecta. ¡Que tu actitud no sea la excepción!

Decisiones: ¿víctima o héroe?

Me tocó vivir en un entorno en donde el victimismo era muy bien recompensando de manera externa, pero, de hecho, es el rol que menos crecimiento le da a la persona. Las frases clásicas que escuchaba eran: "Pobrecita, la acaba de dejar el novio"; "Es que el jefe es un desgraciado"; "Pobre de ella, le duele la garganta"; y así, a partir de la queja se generaba la ayuda. Lo que después entendí es que algunas personas rescatadoras, no lo hacían a través de la compasión, era más bien a través de la lástima.

Dicen que la lástima lastima. Y no es para menos. Es la manera en que, de manera sutil pero poderosa, te dicen que no puedes. Te pongo un ejemplo muy sencillo: sales de la escuela con mucha tarea que, por lo demás, no entiendes porque estuviste conversando con tu compañera que se sienta junto a ti. Al llegar a casa, le dices a tu mamá que la maestra se pasó y que te dejó problemas que ni siquiera has visto en clases. Si ella decide ayudarte y, hasta casi hacerte la tarea para facilitar las cosas y eficientar tiempos, el mensaje que te da es muy profundo: ¡no puedes solo!

La compasión es otra cosa. Lo hablamos en el capítulo pasado y, como tal, es un sentimiento poderosísimo que busca aligerar la carga emocional de otros, sin que por eso la cargues tú. ¡Me encanta porque saca lo mejor de las personas! Es decirle al otro: "Tú puedes y estoy contigo, pero no por eso yo lo haré".

Te cuento esto porque es muy fácil caer en esa trampa. Si observas, es raro que, al ver a una persona que está bien, le queramos brindar una mano para que esté mejor. Por un tema de diseño biológico, tendemos a apoyar más a los débiles, y está bien. Pero es momento de hacer una pausa y entender qué tantas veces, ya sea por nuestra *Fernanda* o por una decisión consciente, elegimos estar mal.

La queja es una salida del dolor que ayuda a calmarlo. El problema surge cuando nos volvemos víctimas de nuestras propias historias. Porque al repetirlas una y otra vez, provocamos que nuestra zona creativa, esa que crea soluciones, se empiece a apagar. Es la razón por la que hay que ser cuidadosos con los procesos de catarsis que hacemos. Sí, una vez, máximo dos, ayuda y mucho. Pero caer en esa rutina constante tiene consecuencias en nuestro cerebro.

Volverte el héroe de tu historia es un proceso increíble. Para empezar, te invita a asumir todo lo que estás viviendo. Por ejemplo, llevas seis meses manteniendo tu casa porque tu pareja no consigue trabajo. Un camino podría ser el de: "Pobre de mí, llevo toda la carga económica y ya no puedo más". El otro es simplemente voltear hacia atrás y observar que has caminado seis meses con una responsabilidad fuerte y que lo has logrado. Te estás demostrando que eres capaz y que puedes con ello. ¿En qué persona te has convertido? Así la historia cambia, ¿verdad? Pasaste de ser víctima a protagonista, casi superhéroe. Y lo mejor de todo: ¡tú te rescataste solito! ¡Eso es poder!

Lo interesante de este tratamiento es que lo tienes al alcance de un buen pensamiento. Es decir, **el día en que quieras cambiar cómo te cuentas las historias y el rol que quieres jugar, cambiará tu actitud.** Recuerda que solo hay que cambiar de percepción.

Desarrolla la paciencia

Estar bien, a pesar de no estar viviendo lo que uno quiere, es uno de los retos más interesantes y desafiantes que la vida nos presenta. Alguna vez, Caty Gómez, mi maestra de innumerables temas de la mente, me compartió: "Pensar bien cuando estás bien, es cosa sencilla. Hacerlo cuando las cosas van mal, ahí está el desafío y requiere una mente entrenada".

La paciencia es la posibilidad de pensar y sentir bien las cosas, a pesar de lo que está ocurriendo afuera. Si separamos la palabra, podríamos decir que en su misma fonética está la clave: paz-ciencia. La ciencia de estar en paz. Cuando descubrí esto, me quedé pensando en el tipo de situaciones que me han sacado de ella y llegué a una conclusión importante: la pierdo cuando no confío en lo que está por venir.

Míralo de esta forma. Cuando ese alguien al que acabas de conocer en un bar queda de llamarte pero no lo hace, es como si te hubieran dicho que entre más veces revisaras el celular, más señales telepáticas ibas a enviarle. ¡Pero no! Ver el teléfono miles de veces no hace que suene. Lo que sí te dice es que estás dudando si te marcará o no.

La confianza es un ingrediente clave para generar paciencia y yo la vinculo directamente con la relatividad. Pareciera que el tiempo corre a diferentes ritmos, dependiendo de dónde está puesta nuestra atención. Por ello, es importante entender que no solo hay que darle un voto de confianza a la vida y tener la certeza de que todo estará bien. También hay que fijar nuestra atención en cosas que nos generen beneficio y no aumenten nuestra ansiedad.

Sé que es complicado, y más cuando estás esperando esa llamada. Ya sea de esta persona que conociste, o bien, del trabajo que fuiste a pedir. Pero recuerda que tu mente no puede estar en dos cosas a la vez. Si pones manos a la obra en algún proyecto, si empiezas a vivir a través de señales, que a mí en lo personal me fascinan, puede ser también una manera de empezar a desarrollar la paciencia.

¡Las señales me encantan! Son una fuente de sabiduría infinita que podemos absorber. Es decir, cuando quieres saber si te conviene alguien, es cosa de decirle a tu cerebro que busque la información. Y el proceso de percepción es tan sofisticado, que lo hace. Claro, no te garantizo que sea la respuesta que quieres escuchar, pero de que te la da, la da. Solo es cosa de que quieres escuchar. Como tip, para que sea válida la información, te invito a que busques tres señales en la misma dirección.

Regresando al tema de la paciencia, va más allá de solo conocer la teoría. En la práctica, es más complicado, porque implica que entiendas que todo lo que viene es perfecto. El control es enemigo de la confianza. El miedo es antónimo del fluir. Sin duda, es un ingrediente que le puede aportar mucho a tu actitud. No solo como una fuerza imparable, sino para generar una serenidad contagiosa. ¡Eso es crear una buena actitud ante la vida!

Elige estar bien

Elegir estar bien es un proceso que requiere de mucha conciencia y ciertos hábitos para lograrlo. Y aunque podría parecer obvio que todos queremos estar bien, recuerda que nuestros procesos cerebrales inconscientes realizan el 95 % de nuestra actividad. O sea que, técnicamente, nosotros no somos los que lo elegimos.

Las elecciones ocurren en todo momento y, bien dirían por ahí que incluso no decidir es elegir algo. Por ello, **no basta con llenarnos de buenos deseos para estar bien. En realidad, tenemos que hacer que las cosas ocurran a través de acciones concretas.**

Los rituales, por ejemplo, son acciones que le traen beneficios increíbles al cerebro. Son ciertos pasos que le van diciendo: "Oye, prepárate porque ahora sí vamos a hacer tal cosa". Es darle certeza y, por eso, la rutina le fascina. Pero te tengo algunas propuestas para que, a través de la repetición, vayas transformando estos procesos mentales que tienes tan escondidos. Son los que van forjando nuestra vida y, sobre todo, nuestra actitud.

1. **Empieza el día con el pie derecho.** No te lo pongo de manera literal, o bueno, tal vez sí. Tú eliges. ¿Pero qué pasaría si con una acción en específico anclaras tu intención del día? Es decir, que cada vez que te levantes (con el pie que quieras), tan solo con estirarte, mirarte al espejo y poner tus manos en acción hacer que ese día sea espectacular. La sugestión, y esto está científicamente comprobado, ayuda a que las cosas pasen. No tiene que ser una actividad que sea popular entre mucha gente. Con que la hagas tuya, surtirá el mismo efecto. En pocas palabras, empezar bien el día es una decisión que se toma cada mañana.

2. **Medita.** Seguro has leído en mil y un lugares los beneficios de esta actividad. Así que esta no será la excepción para invitarte a que vivas y experimentes todo lo que te puede dar esta práctica. "Con meditación evitas la medicación": es una frase que cada vez se escucha más. Cambia nuestra bioquímica y nuestros caminos neuronales a un nivel sorprendente, impactando directamente en tu manejo del estrés y de tus emociones. Además, aumenta tu paciencia y establece un canal para escucharte a un nivel más profundo. Al inicio, probablemente será complicado, como cualquier otra actividad que haces por primera vez. Solo recuerda que te tienes que volver un observador de tus pensamientos y enfocarte en tus sensaciones corporales. No puedes pedirle al cerebro que deje de hacer algo para lo que fue creado. Entrénate para no darle fuerza a ninguno de los pensamientos que pasan por tu cabeza. Solo obsérvalos y regresa a tus sensaciones corporales. Integrar una práctica meditativa en tu día puede cambiarte la vida y tus relaciones. Te garantizo que será cada vez más fácil.

3. **Elige con qué te nutres.** Cuando hablo de nutrición no solo me refiero a la comida. Una forma de nutrirse, y que considero fundamental, es la que podemos obtener con nuestras relaciones. Pero ¿qué pasa cuando te juntas con gente tóxica? ¡Te puedes

contagiar! Ten muy en cuenta con qué te alimentas, en este sentido, todos los días. Es una elección que debes hacer de manera consciente.

4. **Duerme bien.** Aunque no lo creas, dormir bien impacta en nuestra actitud. El área emocional del cerebro es la más dormilona de todas. Y no hacerlo adecuadamente provoca que estés más sensible y que veas todo con otros ojos, afectando directamente tu comportamiento. Cuida tus rituales para irte a la cama y ten una higiene adecuada de sueño. Esto implica apagar las luces tiempo antes de irte a la cama, apagar la tele y evitar usar la computadora. Invierte lo que sea necesario para tener un buen sueño. La recompensa la vivirás al día siguiente. ¿Verdad que no es lo mismo pasar una buena noche que no dormir? Verdaderamente afecta tu estado de ánimo.

5. **Deja el celular.** Mencioné antes la posibilidad de desconectarnos para conectarnos. Recuerda que cuando estamos pegados a las redes sociales, tendemos a compararnos y a generar cierto estado de ansiedad. Como diría mi papá: "¿Qué necesidad tienes?".

Una buena actitud es una elección. Atrévete a ser el protagonista de tu propia vida. Es un camino que te puede llevar a seguir sacando tu mejor versión.

Es momento de llevarlo a la práctica

Aquí no hay que mentir por convivir. ¡Todo lo contrario! Es momento de ser sinceros y ver qué situaciones o personas son las que te sacan tu peor actitud. Haz una lista de ellas con las razones por las que te comportas como lo haces. Ahora, te invito a que te recuentes la historia desde el superhéroe que eres y, de una manera muy valiente, establezcas un nuevo modo de ver las cosas. Te pongo un ejemplo:

Mi cuñado me saca mi peor actitud porque siempre se come la comida de todos y cuando llegamos a casa de mi suegra, ya no hay qué comer. Cuando lo veo, no puedo evitar ser cortante y grosera con él y genero una tensión familiar. ¿Por qué razones me comporto así? Probablemente porque activa mi chip de injusticia u otra cosa. Recontarme la historia implica entender por qué mi cuñado se come toda la comida (aplicamos aquí la compasión) y, además, ver cómo puedo volverme una protagonista de esa historia. A lo mejor es llevar más comida o comer antes. Existen muchas soluciones.

¿Listo? Te dejo entonces para que hagas tu lista con estos ingredientes.

No olvides que...

- La actitud es una declaración con tu comportamiento de lo que sientes y piensas con respecto a algo.

- Cambiar de actitud es cambiar de percepción y eso necesariamente empieza por un proceso de conciencia.

- Cada persona es dueña y responsable de la actitud que asume ante la vida. Hay que entender que 10% es el evento y 90% es lo que interpretamos del evento.

- La actitud no sustituye la aptitud.

- El victimismo es recompensando en algunas culturas. Cuidado con caer en esas falsas recompensas.

- La queja ayuda a hacer catarsis. No abuses de ella, ya que apaga la zona cerebral diseñada para crear soluciones.

- Asumir la situación y ver en qué persona te has convertido puede ser el regalo más poderoso que te des.

- La paciencia es pensar y sentir bien, a pesar de todo lo que esté ocurriendo afuera.

- La paciencia es una práctica que requiere cultivar la confianza y aprender a fluir.

- Elegir estar bien implica adoptar ciertos hábitos para mejorar nuestra calidad de vida.

- Construye rutinas que generen certeza al cerebro y lo preparen para iniciar el día de manera adecuada.

- La sugestión es un proceso mental que ayuda a que las cosas ocurran.

- La meditación tiene efectos importantes en el cerebro. Incorporarla a tu rutina diaria te ayudará a desarrollar paciencia, inteligencia emocional y autobservación.

- La nutrición no solo es de alimentos. También tiene que ver con personas, contenidos, experiencias.

- Dormir bien hace que veas la vida con otras posibilidades.

- Aléjate de tu celular para calmar la mente, evitar las comparaciones y la ansiedad.

11

> "Lo importante de la vida es darte cuenta si lo importante realmente es importante".
>
> — Stephen Covey

¡Reinvéntate!

Hace un tiempo fui al Nevado de Toluca para ver el amanecer. Íbamos varias personas. Caminamos kilómetros con el objetivo de llegar al cráter y contemplar su belleza. Hacía tanto frío que únicamente tuve el objetivo de llegar. Sin embargo, en un momento paré y, cuando volteé, me di cuenta de todo lo que habíamos caminado.

Claro que festejé las subidas y bajadas, pero cuando vi lo que faltaba recorrer y levanté la mirada, me di cuenta de que era hora de cambiar la estrategia y gozar cada paso, aunque me dolieran los pies del frío.

Reinventarse es eso: hacer una pausa para replantearse la forma de seguir caminando. Muchas veces es generada por alguna situación externa que nos saca de armonía y nos mete en una crisis. Pero los procesos más ricos surgen cuando, con completa conciencia, uno los elige. Así es: podemos elegir reinventarnos todos los días.

A veces pensamos que llevarlo a cabo implica hacer las cosas de una manera muy diferente y de forma radical. Pero deberíamos considerar que la persona que eres hoy no es la misma que fue ayer. Es más, ni siquiera eres la misma que hace dos horas. ¡Y qué maravilla! Imagínate pensar igual que cuando te metías en problemas. La gente evoluciona y cambia y eso requiere un reajuste completo.

Cuando tocamos el tema de la marca personal, hablábamos de la importancia de repasar las preguntas y el proceso de creación cada seis meses. Eso para saber si aún quieres lo mismo. Al usar una estrategia de comunicación para compartir nuestro valor agregado, es importante darle tiempo a que madure y obtenga resultados.

En la vida diaria, me atrevería a decir que buscar nuevas maneras de actuar y de conectar desde una mayor riqueza emocional es clave para ser feliz. Y para mí, está muy asociado a este estado de satisfacción por hacer lo correcto y nutrirte todo el tiempo.

Reinventarte no necesariamente es cambiar tu color de pelo, comprar otro estilo de ropa o dejar tu trabajo e irte a viajar. Es un proceso que solo con probar un color de labios diferente, cambiar tu modo de pensar o elegir un pañuelo para tu saco de un color que nunca usas te hace sentir distinto, y eso se transmite al resto.

El hábito te construye

¿Por qué es tan difícil dejar de hacer algo que llevamos haciendo por tanto tiempo? La respuesta nos la da nuestro cerebro. ¡Y es fascinante entenderlo! Imagínate que los hábitos se vuelven rutas que ya no le requieren ningún tipo de esfuerzo a nuestra cabeza. Los hacemos de una manera tan automática que, si pusieras tu mente en un escáner, ni siquiera encendería luces de acción.

Se ha visto en futbolistas que la repetición de una misma jugada hace que, cuando están en la cancha, ya no la hagan conscientemente y sea, más bien, en automático. Y es increíble ver que, a veces, cuando entra el factor conciencia, cometen más errores. En este ejemplo, esta acción desarrolla una ventaja dentro de la cancha.

Pero imagina las acciones que son nocivas para la salud o para alcanzar objetivos. Los hábitos sin duda definen nuestro futuro. Lamentablemente, nuestro cerebro no distingue si es uno bueno o malo. Solo entiende que hay algo que la activa y, a partir de ahí, desata la acción.

Estos mecanismos funcionan en forma de bucle. Es decir, siempre de la misma manera. **El hábito no es el destino, por ello se puede modificar, sustituir o ignorar, pero nunca desaparecer.** Lo interesante es darnos cuenta de lo que revela esa acción inconsciente y así buscar la manera de generar un entendimiento para transformarlos. Todo hábito se construye por tres elementos:

- **Señal** → También conocido como disparador. Lo que activa el hábito.
- **Rutina** → Acción mental, emocional y física que hacemos.
- **Recompensa** → Algo que ayuda a nuestro cerebro para decidir si es necesario recordarlo o no.

La manera de modificar un hábito es cambiando la rutina, el disparador y la recompensa deben dejarse de la misma manera. Te pongo un ejemplo: si cada vez que sientes ansia (disparador), te paras a fumar un cigarro (rutina) para distraerte y así hablar con otros colegas (recompensa), la manera de cambiar ese hábito sería parándote a hablar con tus colegas utilizando una rutina distinta, para que así evites fumar.

Existen malos hábitos emocionales muy fuertes que requieren más detenimiento para erradicarlos. El truco es estar verdaderamente presentes monitoreando cuál es el disparador y cuál es la recompensa. ¡No es arte de magia! Pero claro que se puede lograr.

Otro ingrediente clave es la convicción de hacerlo. Sin ella no se logra nada. Convicción es pensar y sentir. Es decir, a veces sabes que es bueno hacer ejercicio, pero si no lo sientes, no se generará ninguna acción. **Recuerda que la gente hace lo que siente y no lo que piensa. ¡Por eso es importante que nuestra cabeza y corazón siempre jueguen en el mismo equipo!**

Pero antes de continuar, te invito a que hagas una pausa y pienses qué clase de hábitos tienes que ya no te aportan. ¿Puedes distinguir los disparadores y las recompensas? ¿Qué acciones podrías realizar para hacer un cambio de mecanismo? ¡Manos a la obra!

Vuélvete un curioso de ti mismo

A veces es fácil ver cuando una persona atraviesa un proceso emocionalmente demandante debido a que su curiosidad y sus ganas de explorar se han perdido. No le interesa probar nuevas formas de hacer las cosas o, simplemente, no cuenta con ojos renovados para ver la vida.
La curiosidad es un hábito que debemos alimentar porque tiene una gran recompensa, como descubrir algo de ti, desarrollar un potencial oculto o entender algo que no cabía en tu vida. Es decir, la curiosidad se vuelve la posibilidad de crear una nueva versión de uno mismo.
Ser curioso no solo va en dirección externa. Me atrevería a decir que el reto es conectar lo que nos provoca el exterior con lo que surge dentro. Esas orejas dentro y fuera de las que hemos hablado son claves para escuchar qué nos gritan nuestro cuerpo y nuestro interés. ¡La posibilidad de no sentir el tiempo, de terminar con la pila más cargada y de desear hacerlo una y otra vez es magia pura!

Es como regresar a la primaria, donde pasábamos de una materia opcional a otra para descubrir la que nos hiciera felices y en la que pudiéramos, en el mejor de los casos, destacar. La diferencia con esa etapa de nuestra vida es que hoy no tenemos que rendirles cuentas a nuestros papás, sino a nosotros mismos. La curiosidad es el arte de cuidarnos, nutrirnos y darnos todo lo que queremos, y que probablemente en su momento no obtuvimos. ¡Vaya que es un proceso muy sanador y poderoso!

Ahora, si eres de los que has tenido la suerte de vivir de tu pasión y de tu hobby, este proceso es clave para darle paz a tu cerebro y hacer una pausa en tu trabajo. Imagínate que todo gira en torno a esa actividad. ¡Qué cansado! ¿En dónde quedan esos tiempos de esparcimiento o en qué otra actividad canalizas toda esa posibilidad de crear algo nuevo? ¡Es momento para salir de tu zona de confort y reinventarte!

¿Qué hacer para lograrlo? Sigue buscando y mantente curioso todo el tiempo acerca de ti mismo. Monitorea tu nivel de felicidad. Te pongo un ejemplo: a Tania le encanta bailar. Le genera tal placer y lo hace tan bien, que se vuelve su trabajo. Logró montar un estudio y ahora da clases de baile. El desafío está en que eso que tanto disfruta ahora ya no es su esparcimiento. Se volvió su trabajo. Por lo tanto, sí o sí es momento de que Tania encuentre una nueva manera de relajarse y, por qué no, hasta de reinventar su actividad.

¡Nunca es tarde para aprender algo nuevo o hacerlo de manera diferente! De hecho, los chinos dicen que entre más tarde encuentres tu pasión, más rápido la desarrollas porque ya existe una buena base en la que se puede echar raíz y construir algo. Que no sea por miedo que no quieras intentar algo diferente.

Empieza por la forma de vestirte, o por escuchar nuevos géneros de música, o por ir a lugares a los que nunca irías, o por conversar con personas diferentes. ¿Qué pasaría si en alguna de estas actividades logras encontrar lo que nutre tu alma, tus sentidos, tu corazón, tu mente, tu cuerpo y a toda tu persona?

Los niños nos recuerdan, con esos ojos abiertos y llenos de brillo, lo maravillo que es dejarse sorprender, curiosear por diferentes actividades y, sobre todo, irse descubriendo. Dejemos que ellos nos pongan el ejemplo y salgamos a aprender de estos grandes maestros. ¡Nunca es tarde para desaprender y asimilar algo nuevo!

La vida hay que producirla

Y así va pasando la vida y, de repente, nos damos cuenta de que, si uno no se pone ilusiones, la vida no lo va a hacer por ti. No es algo que aparezca de la nada, pero sin duda es algo que vale la pena tener. Cuando uno tiene una zanahoria por la cual ir, absolutamente todo cobra sentido.

Ojo, aquí no quiero contradecir el concepto del ser y del hacer, pero lo que es un hecho es que cuando tienes algo por qué despertar, hasta lo haces sin necesitar una alarma despertadora.

No tienen que ser zanahorias muy grandes, lejanas o con extranutrientes. A veces tener una razón para maquillarte o ponerte ese saco que tanto te gusta hace la diferencia. Date cuenta de que, cuando te vistes bien, sales en busca de una actividad que te haga sentir que "valió la pena".

Lo interesante es empezar a cambiar el chip y darte cuenta de que, solo por ser tú, vale la pena hacer lo que tengas que hacer para estar y sentirte bien. Te lo mereces por el solo hecho de estar aquí. El mejor obsequio que te puedes dar es cuidar de ti mismo. Cosas tan sencillas como no usar tu vajilla para que no se vaya a romper, no desgastar tus zapatos favoritos o no comer eso que tanto te gusta, ¡debes eliminarlas! La vida es hoy y hoy es cuando hay que entender que, si no tenemos en dónde usarlo, hay que generar esos espacios para hacerlo.

Cuando hablamos de producir la vida, estamos viendo este proceso como algo que necesita una preparación, es decir, una preproducción. Con solo ver lo que quieres lograr, empiezas a disfrutar del proceso. Es como un viaje. Cuando lo estás planeando, cuando estás investigando a dónde quieres ir y qué lugares visitar, es el momento en el que la emoción empieza a subir y desde donde comienzas a gozarlo.

Luego viene la ejecución o la producción como tal, que es cuando lo pensado y visualizado cobra vida y es delicioso. En él, te invitaría a que no llevaras expectativas para que no influyan en la percepción del proceso. Porque, siento decírtelo, pero entre más se alejan las expectativas de la realidad, mayor es la decepción. Lo que a mí me gusta explicar a través de la siguiente fórmula.

$$D = E - R$$
(Decepción) = (Expectativa) − (Realidad)

Hay que tener cuidado con ellas. Pueden dañar todo el proceso por más mágico que sea. Y el reto es que disfrutes las cosas y no que las sufras.

Por último, viene el recuento de la experiencia o la postproducción. Aquí es cuando alargas el goce del evento, porque recordarlo es como si volviera a ocurrir. A nivel mental, puedes modificar las escenas, como si estuvieras en la edición final de tu película. Y con todo lo que hemos visto a lo largo del libro, estoy segura de que puedes ir haciendo tremendas producciones, dignas de exhibirse en cualquier sala masiva.

Ojo, no te estoy invitado a que vivas publicándolo todo en redes, si quieres, está bien, y si no, no pasa nada. Lo que intento, más bien, es motivarte a que conforme vayas puliendo ese grandioso arte de producir tu vida, después seas alguien que pueda compartirlo con más personas. ¡Sería increíble que tu presupuesto emocional fuera aumentando y así llegaras a contagiar a más personas!

Acciona, acciona, acciona, pero solo por hoy

Después de leer este subtítulo, probablemente estés pensando en que es una contradicción. Sobre todo, si durante todo el viaje que hemos hecho juntos a lo largo de este libro, una de las grandes preguntas que te he hecho ha sido hacia dónde quieres ir, pero pensando en un proyecto que se sostenga en el tiempo.

Lo que ocurre es que nuestro cerebro encuentra complicado ver a largo plazo si no existe algún tipo de recompensa a corto. Por eso, **uno de los grandes regalos que nos podemos dar es vivir la vida solo por hoy.** Lo aplican en muchas metodologías para cambiar hábitos y por eso el reto es que vayamos un día a la vez. Así resulta mucho más sencillo y, sobre todo, se vuelve el pretexto perfecto para festejar cada paso que das durante el día.

Uno de mis grandes mantras es: "La mejor oración es la acción". Y es que yo no digo que visualizar y desear no sean superimportantes. Nos dan el rumbo al que queremos llegar. Pero no podemos pasarnos la vida suspirando por algo para lo que no hacemos nada para lograrlo.

Como yo lo veo, los sueños se suspiran y las metas se trabajan todos los días. Alguna vez me preguntaron cuál era la diferencia. En el primer caso, es algo que vemos aún lejano pero que nos da la posibilidad de sonreír solo con imaginarlo. En el segundo, los objetivos ya tienen fecha y un plan de acción concreto para llegar a ellos.

¡No te dejes intimidar! Alguna vez me pasó que, al lograr cerrar una capacitación con una de mis marcas favoritas en el mundo, una tarde me quedé muy callada. Mi esposo se acercó y me preguntó: "¿Acaso no estás feliz? ¡Conseguiste uno de tus grandes sueños!". Mi reacción fue un claro y contundente: "¡Obvio!". Pero te confieso que lo que me preocupó en ese momento fue: "¿Y ahora qué sigue? Si ya logré esto, ¿qué más puedo soñar?".

Para mi sorpresa, siempre existe algo nuevo con qué suspirar. Siempre habrá algo que nos saque sonrisas con solo cerrar los ojos y, sobre todo, que nos lleve a volvernos nuestra mejor versión. **Confía en que todo eso que tanto imaginas día a día, con mucha dedicación y metas claras, lo vas a poder conseguir.** Y, más que nada, ten claro que, mientras estés en dirección hacia eso que sueñas, cada paso te estará acercando más a lograrlo.

Es momento de que te lo pongas como prioridad y de que veas que, si tú estás bien, tu entorno va a estar bien. No es cosa de ser el centro del universo. Es cosa de parar, de escucharte y, poco a poco, ir creando la vida que tanto deseas.

No estás solo en este proceso. Existe mucha gente tratando de crear la vida de sus sueños y que pueden inspirarte a que lo consigas tú también. Recuerda que no hay respuestas buenas o malas, simplemente son las que debían aparecer en ese momento. Siempre intenta que cuando la gente te vea, únicamente logre contemplar el brillo que emana de una persona que habita con mucho orgullo en su piel.

Es momento de llevarlo a la práctica

Ahora tengo que dejarte la última tarea de este recorrido para poder decir: ¡misión cumplida!

Esta dinámica consiste en conseguir información para saber qué tanto te estás acercando a la versión más feliz de ti. Para ello, necesito que consigas una caja o un frasco únicamente para esto. El reto es que cada vez que vivas algo feliz, lo anotes en un papel y lo metas ahí dentro.

Entiendo que hay períodos en que no nos pasan tantos de estos momentos, pero quedamos en que la vida hay que producirla. Así que entre más rápido llenes ese frasco o esa caja, será un gran síntoma de que lo estás haciendo bien. Me encantaría recibir una foto en mis redes sociales de este reto. ¡Me alegrará saber que estás siendo cada vez más feliz!

Ahora bien, todo este proceso es para ti. No es competencia. Pero si ves que han pasado días sin meter un papelito, es un indicador de que debes hacer algo. Buen viaje en esta aventura de reinventarte. Nada más atractivo que una persona feliz que goza habitar su cuerpo, su mente y, sobre todo, su corazón. ¡Te abrazo y te sonrío!

No olvides que...

- Reinventarse es darse una pausa para elegir qué quieres ajustar de tu ser. Puede llegar por una crisis fuerte, pero también puedes elegir generar ese proceso de manera voluntaria.

- Reinventarse no es sinónimo de realizar un cambio radical.

- El cerebro no distingue entre buenos o malos hábitos. Son mecanismos automatizados que funcionan a través de un bucle constante: disparador, acción y recompensa.

- La manera de cambiar un hábito es modificando la acción. Ella es la que puede traer beneficios muy importantes en nuestro día a día.

- Los hábitos nos construyen. Por ello, hay que revisar nuestro sistema de recompensas para conseguir que lo hagan a nuestro favor.

- La curiosidad es la posibilidad de buscar otras opciones, ya sea dentro o fuera de nosotros.

- La oreja dentro y la oreja afuera nos ayudan a monitorear lo que nos podría dar mucha satisfacción en muchos sentidos de nuestra vida.

- Los niños son la mejor escuela para aprender el arte de la curiosidad.

- El ser humano necesita tener zanahorias que lo motiven a dar pasos.

- La vida hay que producirla y buscar construir momentos memorables que perduren en el tiempo.

- Hay que tener cuidado con las expectativas. Pueden resultar contraproducentes si no se corresponden con la realidad.

- Los sueños se suspiran, pero los objetivos se trabajan todos los días.

- Siempre habrá un sueño por el cual sonreír. ¡No dejes nunca de tenerlos!

Epílogo

¡Gracias por haber hecho este recorrido conmigo! ¿Cómo te sientes? ¿Qué descubriste? En mis talleres, al terminar, siempre pido que en una palabra me compartan el resumen de esas sensaciones corporales que simplemente nos hacen saber que algo ocurrió. A veces es imposible hacerlo, pero indagar y poner una oreja adentro con el pretexto que sea, siempre será de las mejores decisiones que podamos tomar.

Si hoy te sientes más relajado, más reflexivo, confrontado, ilusionado, ligero o la palabra que sea, ¡me hace inmensamente feliz! Logramos el objetivo de tocar tu corazón y así moverte en alguna dirección.

Recuerda que ninguna sensación es buena o mala. Simplemente existen algunas que nos hacen sentir mejor que otras, pero cada una de ellas nos recuerda que estamos vivos y que tenemos siempre la posibilidad de tomar acciones para tener la vida que soñamos tener. *¡Está en ti!* Ojalá se haya sembrando una pequeña semilla en tu corazón para que, día a día, generes una transformación más real y tangible que te lleve a volverte tu mejor versión. Sobre todo, para que así aprendas a leer ese manual que todos tenemos dentro, pero que a veces no sabemos cómo descifrarlo.

Te invito a que este libro quede como un lugar al que puedes regresar las veces que sea necesario. Es una guía, pero también un compañero de viaje al que, en las diferentes etapas de tu vida, puedes volver a repasar para reinventar tu marca o simplemente para recordarte lo importante que es reconciliarte contigo, no como un objetivo, sino más bien como un hábito.

Espero que este viaje te haya hecho sentir admiración de quien eres y de todo lo que has hecho. Que en cada momento que pienses en ti, así como madre orgullosa que ama incondicionalmente, puedas inflar el pecho, respirar profundo, levantar el mentón y saberte capaz de lograr todo lo que deseas. Y que esto no sea una mera postura, sino el resultado de saberte alguien que realmente conoce quién es y hacia dónde va. ¡Vaya que es de respetarse!

Deseo que en lo que siga después de este recorrido compruebes todo lo que repasamos aquí. Es decir, que no me creas nada y que, a través de tu práctica y experiencia, vayas abrazando cada uno de los conceptos para que se vuelvan tu verdad y no la mía. ¡Verás que también es otra manera no solo de aprender sino de implementar! Hazlo capítulo a capítulo para que no solo quede en la teoría, sino que lo aterrices en la práctica lo antes posible.

Dicen que nadie puede amar algo que no entiende ni entender algo que no ama. Y como no sabemos qué fue primero, si el huevo o la gallina, te invito a que, poco a poco, saques más conclusiones sobre ti y, así, te enamores de la persona que eres y puedes llegar a ser.

Ahora, así como inicié, cierro este libro, tal como lo hago en todas mis conferencias, con esa célebre frase de Marcel Proust, porque en ella, el escritor pone de una manera muy poética lo que para mí es mi alarma antiflojera, mi propósito y misión: "El verdadero viaje de descubrimiento no consiste en buscar nuevos paisajes, sino en ver los mismos con nuevos ojos".

Te agradezco que, a través de este libro, me hayas permitido cumplir mi misión de vida, creciendo juntos para así conectar con nuestra mejor versión. Te abrazo y te mando muchas sonrisas del corazón, de esas que hacen que la mirada se ilumine, las que sacan esas hermosas arrugas alrededor de los ojos (patas de gallo) y contactan no solo a nuestras neuronas espejo, sino a nuestras almas.

P.D. ¡Recuerda sacarte una foto y comparar cómo iniciaste el viaje y cómo lo terminaste! ¡Estuvo en ti el cambio!

Agradecimientos

El mejor hábito que podemos fomentar es el de la gratitud. Gracias, mamá y papá, son mi ejemplo y motor, mi inspiración y mi contención. Su amor me da toda la fuerza y seguridad para que cada día quiera ser mejor que ayer. ¡Los amo!

Adrian, mi coequipero y mejor amigo, gracias por siempre creer, acompañarme e impulsar todas mis locuras, eres la mejor decisión que he tomado en mi vida. ¡Te amo más que ayer y menos que mañana!

Carnales, los amo, cómplices de vida. Mi caminar a su lado es toda una aventura y no hay reto grande que no podamos vencer. ¡Son mi mejor equipo! ¡Gracias, mosqueteros!

Mau, Connie, Montse, gracias por ser mis maestros más sabios y por enseñarme a amar de una manera incondicional.

Cuñados, su visión de la vida hace que crezca la mía. Pero gracias, sobre todo, por ser amigos.

Familia amada, sus porras, amor y apoyo son invaluables.

Eva y Carolina, gracias por guiar mis pasos, son fuente inagotable de inspiración.

A todos mis maestros que me forjaron a lo largo de mi vida para saber qué quería y no quería ser. Caty Gómez, gracias por enseñarme a ver la vida de otra manera, tu congruencia te da la autoridad para enseñar y transformar vidas, te quiero y admiro. Lillian Bridges, tu legado es invaluable.

Gracias, Alicia, por ser cómplice de esta gran experiencia.

Amigos incondicionales que en las buenas y malas siempre están, que mueven y confrontan, motivan y alientan, escuchan y esperan pacientes. ¡No tengo palabras de agradecimiento! ¡Son la familia que yo he elegido! Son inspiración pura y mi alma se alegra de tenerlos cerca, aunque a veces estemos lejos. ¡Los amo!

Gracias a todos los que han depositado en mí la confianza para acompañarlos. Sus testimonios y resultados son los que me han impulsado a escribir y compartir. ¡Honro su valentía y deseo de cambiar!

Gonzalo, gracias por esa forma tan paciente y amorosa de dar retroalimentación, y al equipo editorial de V&R Editoras por permitirme contar y plasmar mi verdad en en este libro que escribí con todo mi amor.

Gracias a ti, querido lector, que me das la oportunidad de cumplir mi propósito al leer estas líneas.

¡Tu opinión es importante!

Escríbenos un e-mail
con tus comentarios y sugerencias a
miopinion@vreditoras.com
con el título de este libro en el "Asunto".

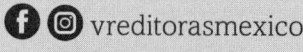 vreditorasmexico
 VReditoras